통근대학 MBA 6
인적자원관리 (HUMAN RESOURCE)

글로벌 태스크포스 지음

STUDY WHILE COMMUTTING

나무한그루

6 TSUUKINN DAIGAKU MBA HRM&OB
by GLOBAL TASKFORCE K. K.

Copyrigt ©2002 by GLOBAL TASKFORCE K. K. All rights reserved.
Originally Japanese edition published by SOGO HOREI PUBLISHING CO., LTD.
Korean translation rights arranged with SOGO HOREI PUBLISHING CO., LTD.
Korean translation copyright ©2005 by EINBAUM/NAMUHANGURU

이 책의 한국어판 저작권은 나무한그루가 소유합니다. 신 저작권법에 의하여
한국 내에서 보호를 받는 저작물이므로 무단전제와 무단복제를 금합니다.

머리글

■ 왜 MBA에서 인적자원관리를 배우는가?
〈세계 비즈니스맨의 기초〉

이 책에서 다루는 주제인 '인적자원관리와 조직행동'은 MBA과정의 대표적인 필수과목으로 글로벌 비즈니스 세계의 공통언어다. '인적자원관리와 조직행동'은 인사부에 근무하는 담당자들만 필요한 것이 아니라 영업에서 재무, 연구개발부 그리고 경영기획부 등 모든 부서의 담당자들이 자신의 전문 분야와 더불어 공통언어를 체계적으로 배우기 위해 반드시 알아 두어야 할 분야다.

기업 내에서 개인 혼자서 완벽하게 마무리 할 수 있는 업무는 극히 일부를 제외하고는 거의 없다. 즉, 기업은 기업경영이라는 틀 안에서 회사 내의 각 부서는 물론 고객이나 경쟁업체, 제휴업체나 거래처 등 다양한 부분이 유기적으로 결합하여 각자의 기능을 다할 경우에 성장한다. 특히 부하직원이나 동료를 총괄하는 매니저는 어떤 목적을 위해 사람과 조직을 움직이지 않으면 안된다. 이를 위해서는 자신과 의견이나 주장이 다른 사람을 설득하고 납득시킨 후에 업무를 해 나갈 필요가 있다. 즉 효율적으로 업무를 추진하기 위해서는 금전적인 경영자원만이 아니라 부하와 동료들을 인간적으로 이해하고 원활한 조직운영을 도모해야 한다.

더욱이 인사 담당자가 인사에 관한 단순한 제도나 기능만을 독립적으로 취급하여 새로운 시스템을 구축하는 경우에 인간을 포함한 경영환경이나 조직목표를 전제로 하지 않고 제도를 구축한다면 제도 자체가 내용이 없는 것이 되어 버린다. 이러한 상황을 피하기 위해서는 현실적인 문제에 대한 공통된 인식과 언어를 가져야 한다. 이것이 비즈니스의 출발점이다.

■ 이 책의 목적과 대상자

이 책은 넓은 세계 어디에서든 통용되는 살아 있는 비즈니스의 법칙과 이론을 익혀 자신의 시장가치를 높이고자 하는 비즈니스맨을 위한 것이다. 현실적으로 일에 대한 의욕이 넘치는 사람일수록 늘 시간에 쫓기기 때문에 통근시간이 유일한 자유시간인 경우가 많다. 하지만 출퇴근하는 전철이나 버스 안에서 읽을 수 있는 적당한 크기의 유용한 비즈니스 서적은 그다지 많지 않다. 이 책은 지금까지 두꺼운 비즈니스 서적을 사 놓고 시간이 없어서 1장도 채 읽지 못하고 책장에 그냥 넣어 둔 사람이라도 통근시간, 대기시간 등 자투리 시간을 이용해서 읽을 수 있도록 알기 쉽게 그리고 핵심만을 요약하여 정리했다.

또한 이 책을 통해 독자는 비즈니스에서 가장 기본적이고 중요한 개념인 '인적자원관리와 조직행동'을 '경영(전략)'과 결부시켜 체계적으로 이해할 수 있다. 예컨대 영업 매니저는 영업본부에서 제시한 매출목표와 인사부에서 제시한 평가시스템만을 그대로 답습해서는 그 역할을 다하고 있다고 할 수 없다. 영업본부에서 부여한 수치목표를 어떻게 나누어서 현재의 인력구성에 맞게 배분한 후에 현장의 목표를 세워 나갈 것인가를 생각해야 한다. 또한 현장의 영업결과를 기초로 단지 목표달성이냐 아니냐를 기록하는 것이 아니라 그 결과의 배후에 투영된 프로세스와 정당성, 그리고 목표 자체의 타당성을 생각할 필요가 있다. 더욱이 사람의 적성과 채용, 경력개발 계획을 검토한 후에 개개인의 동기부여와 포상을 생각하고 리더쉽과 권력을 관리해 나가는 것이 조직전체의 활성화에 중요한 요건이 된다.

또한 실천에서 직면하는 복잡하고 복합적인 문제를 해결하기 위해 비즈니스 현장에서 훈련을 거듭하여 이러한 지식이나 논리적 사고의 '기술화'를 위한 능력 향상에 매진해야 할 것이다.

■ 이 책의 구성

경영대학원 과정에서는 과목을 인적자원관리(또는 인적자본)와 조직행동학 등으로 나누어 사람과 조직에 대해 따로 학습하지만 이 책에서는 여러분이 더욱 쉽게 각각의 관련성을 이해할 수 있도록 연결시켜 사람과 조직을 2부로 구성하여 설명하려고 한다.

제1부는 제1장부터 제3장까지로 인적자원관리의 영역을 다룬다.

제1장에서는 사람과 조직에 관련된 다양한 이해관계자(Stakeholder)와 기업경영의 각 기능과의 관계를 전체적으로 이해하고, 사람과 그 사람이 모인 집합체인 조직이 어떻게 기업경영의 기초를 형성하고 다른 기능을 움직여 의사결정에 도달하게 되는지를 학습한다.

제2장에서는 인적자원의 인플로우(채용), 내부 플로우(배치·이동) 그리고 아웃플로우(퇴직) 등 일련의 흐름을 파악하고, 각 기능의 역할과 특성에 대해서 검토한다.

제3장에서는 인적자원 플로우의 각 기능에서 필수적인

평가·보상제도를 시작으로 중요한 개념과 수단에 대해서 전체적인 내용과 각각의 역할에 대해서 배운다.

제2부는 조직행동의 영역으로서 제4장부터 제7장까지 설명하고 있다.

제4장에서는 인적자원관리의 각종 제도와 프레임 워크에 대응하여, 개인과 조직의 역동성에 대해서 그 기초가 되는 개념과 이것들을 내포하는 조직문화와 풍토라고 하는 잘 보이지 않는 영역에 대한 전체상을 파악한다.

제5장에서는 조직형태의 다양한 유형에 대해서 배우고, 기업의 사업과 문화에 적합한 자사의 조직형태를 어떻게 구축할 것인지를 검토한다.

제6장에서는 조직행동에서 보다 구체적으로 제시되는 개인과 조직을 움직이는 동기유발에 대해 알아보고, 대표적인 네 가지 이론을 배운다. 또한 실질적으로 동기유발을 향상시키기 위해 필요한 인센티브에 대해서 그 개념과 실제 사례를 배운다.

제7장에서는 조직을 이끄는 리더십과 조직 내에서 강한 영향력을 행사하는 다양한 권력(Power)에 대해서 이해하고, 각각의 이론과 구조를 기업 내에서 어떤 식으로 체계적으로 구축해야 하는가를 검토한다.

내용을 이해하기 쉽도록 하나의 주제를 두 페이지 안에 담아

한눈에 들어오도록 정리했다. 따라서 어느 장부터 시작하더라도 이해할 수 있도록 구성되어 있다. 하지만 MBA를 배우는 가장 중요한 의의가 '체계적'으로 이해하는데 있으므로 순차적으로 공부한다면 최대한의 학습효과를 올릴 수 있을 것이다.

통근대학 MBA 6

인적자원관리
(HUMAN RESOURCE)

■목차■

머리글

제1부 인적자원관리

1. 인적자원관리란

    1-1. 인적자원관리란? ··18

    1-2. 인적자원관리의 역사 ··20

    1-3. 조직·인사와 이해관계자 ·······································22

2. 인적자원관리 플로우

    2-1. 인적자원관리 플로우 ··24

    2-2. 노동시장과 고용환경의 변화 ·································26

    2-3. 인플로우① 채용의 역할 ··28

    2-4. 인플로우② 채용 플로우 ·······································30

    2-5. 내부 플로우 ···32

    2-6. 승진과 승격 ···34

    2-7. 인적자원개발 ···36

2-8. 인재개발 시스템····················38

2-9. OJT/OFF-JT

    (On the Job Training/OFF the Job Training)·········40

2-10. 경력개발 프로그램

    (CDP:Career Development Program) ···········42

2-11. 전문직 제도 (Specialist System)와

    선발형 경영간부 육성제도 ·······························44

2-12. 종업원의 퇴직 (Out Flow)································46

3. 평가·보상 시스템

3-1. 보상 시스템이란? ···48

3-2. 임금관리 ··50

3-3. 인사고과란? ··52

3-4. 업적평가 시스템···54

3-5. 업적평가의 정확성··56

3-6. 목표관리제도 (MBO : Management by Objectives) 58

3-7. 밸런스 스코어카드 (BSC : Balanced Score Card) ···60

3-8. 역량(Competency) 평가 ···································62

제2부 조직행동

4. 조직행동과 문화

　4-1. 조직행동이란? ··70

　4-2. 조직행동론의 역사 ···72

　4-3. 조직문화의 형성과정과 특성 ···74

　4-4. 조직개발 ··76

　4-5. 조직IQ (Organization IQ) ··78

5. 조직구조

　5-1. 기능별 조직 ··80

　5-2. 사업부 조직 ··82

　5-3. 사업부제 조직의 장점 (사례) ··84

　5-4. 사업부제와 사업본부제 ··86

　5-5. 사업부제 조직과 분권화 조직 ···88

　5-6. 컴퍼니제 (Company System) ···90

　5-7. 컴퍼니제 도입 사례 ···92

　5-8. 매트릭스 조직 ···94

　5-9. 유연성 있는 조직형태 ··96

　5-10. 네트워크 조직 ···98

5-11. 팀형 조직 (Team-Type Organization) ··················100

6. 동기부여와 인센티브

6-1. 동기부여란?··102

6-2. 동기부여이론 (내용이론:매슬로우) ·························104

6-3. 동기부여이론 (내용이론:허츠버그) ·························106

6-4. 동기부여이론의 체계··108

6-5. 동기부여이론 (과정이론:브룸)·································110

6-6. 동기부여이론 (과정이론:포터와 로울러) ·····················112

6-7. 동기부여 향상과 질·서비스 향상의 선순환················114

6-8. 개인과 조직활성화 ··116

6-9. 인센티브란? ···118

6-10. 인센티브의 체계 ··120

6-11. 업적연동형 인센티브의 예:스톡옵션 ························122

7. 리더십과 권력

7-1. 리더십이란?··124

7-2. 리더십의 형태 ··126

7-3. 리더십 특성론 어프로치 ······································128

7-4. 리더십 행동론 어프로치 ······································130

7-5. 리더십 상황론 어프로치 ··132

7-6. 코칭 (Coaching) ··134

7-7. 권력 ···136

7-8. 권력 관리 ··138

참고문헌

제 1 부

인적자원관리

인구구조의 변화, 출생률의 저하, 불황의 장기화, 인재의 유동화 등 여러가지 문제가 종업원을 비롯한 사람들의 일하는 의욕을 저하시키고, 조직에 대한 귀속의식을 저하시키는 등 다양한 현상을 일으키고 있다. 이러한 상황 하에서 인적자원관리(HRM:Human Resource Management)는 단순히 인사 영역의 제도설계나 기능의 제공을 관리하는 것만이 아니라 기업과 종업원에게 영향을 미치는 경영상의 의사결정이나 행동 모두를 통할하고 있다고 할 수 있다. 즉 비즈니스 전략, 종업원의 요구와 가치관, 사회적 책임, 행정, 법률 그리고 매니저 자신의 가치관 등에 기초한 가치관과 HRM의 다양한 방법론을 결부시키는 능력이 이제부터는 더욱 요구되고 있다.

제1부에서는 우선 인적자원관리의 역할과 그 전체적인 흐름을 체계적으로 이해하여, 제2부에서 전개되는 조직행동에 대한 이해를 돕는 기초를 마련한다. 이에 따라 제2부에서 다루게 되는 조직문화와 인적자원의 관계가 구조적으로 어떠한 기능을 수행하고 있는지 그 특성을 명확히 하여, 종업원에게 어떻게 동기를 부여할 것인가 그리고 사기·의욕을 가지고 업무에 몰입하도록 할 것인가 라는 조직행동의 다양한 문제에 대해서 생각해 보는 것을 목적

으로 한다.

제1장 '인적자원관리란'에서는 기업경영에서 사람과 조직을 둘러싼 다양한 시스템의 전체상을 살펴본다. 인적자원관리가 다루는 영역과 각종 제도에 대한 개요와 인적자원관리의 역사적 배경을 배우고, 그 역할에 대해서 이해를 도모한다. 또한 인적자원관리가 다루는 영역이 이해관계자(Stakeholder)와 기업경영의 각 기능을 연결시키는 것임을 이해하고, 사람과 그 사람이 모인 집합체인 조직이 어떻게 기업경영의 기초로서 다른 기능을 움직여 의사결정에 도달하게 되는지를 학습한다.

제2장 '인적자원관리 플로우'에서는 HRM의 세 가지 매니지먼트 흐름을 배우고, 그에 포함되어 있는 각 기능과 역할에 대해서 검토한다. 우선 인플로우(채용), 내부 플로우(배치·이동 등) 그리고 아웃플로우(퇴직) 등 세 가지 중요한 관리 플로우에 대해서 전체상을 이해한다. 그리고 각각의 흐름에 대해서 자세하게 살펴봄으로써 인적자원관리의 일련의 흐름을 체계적으로 이해하도록 한다.

제3장 '평가·보상 시스템'에서는 2장까지 살펴본 인적자원 플로우의 각 기능을 바탕으로 평가제도·보상제도에 대해서 이해한다.

1. 인적자원관리란

1-1 인적자원관리란?

인적자원관리(이하 'HRM' : Human Resource Management)에서는 문자그대로 '사람'이라는 기업의 중요한 자원(혹은 자본 "Capital")과 관련된 것을 다룬다. 즉 노동조합에서 주주 그리고 지역사회에 이르기까지 이해관계자(Stakeholder)에게 주는 영향을 고려하면서, 인재의 채용을 시작으로 하는 인플로우, 승진에서 인재개발을 포함하는 내부 플로우, 퇴직관리 등의 아웃플로우 등 기업과 종업원의 관계를 관리하고 필요한 의사결정을 해 나간다.

이런 의사결정은 인사담당자만이 아니라 현장관리자를 비롯한 조직의 모든 사람이 관련되어 있다. 기업에서 일상적으로 행해지고 있는 제조, 판매, 관리 등 다양한 장면에서의 의사결정에 대해서는 모두 HRM의 의사결정이 포함되어있기 때문이다. 따라서 조직의 모든 사람이 이러한 다양한 활동을 이해하지 못한다면 기업 내에 정합성을 가진 인적자원관리 기능을 구축할 수가 없다. 인재의 모집이나 평가제도, 조직개발 등 개별 제도와 기능만을 다루는 전문

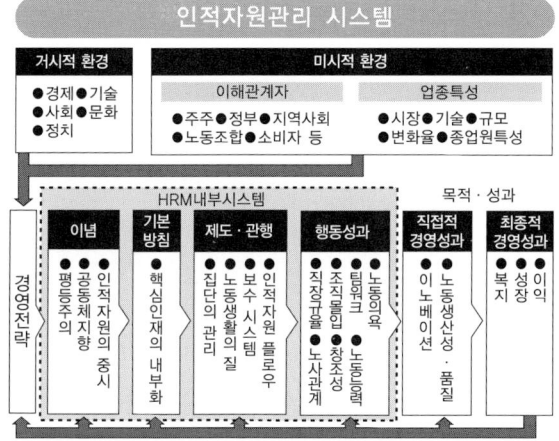

출처:이시다 히데오 공저 《MBA 인재 매니지먼트》 중앙경제사, 2002년

가와 전문부서가 유일한 실행부서로서 군림하더라도 정합성을 가질 수 없기 때문이다.

HRM에서는 우수한 종업원을 모집, 선발하고 적절한 승진·승급을 관리하고, 보상과 인센티브를 부여하여 종업원의 동기부여를 높임으로써 인재를 효과적으로 육성하는 데 목적이 있다. 이를 위해서는 비즈니스의 상황을 이해하고 종업원의 욕구를 만족시키고 항상 공평성을 잃지 않아야 하며, 이런 정보를 파악하고 있는 인사부 이외에 각 스태프들과 매니저들도 적극적으로 이 기능을 이해하고 의사결정에 참가할 필요가 있다.

1-2 인적자원관리의 역사

사람을 단순히 노동력으로만 생각했던 시대는 그다지 오래전이 아니다. 미국에서 인적자원관리의 개념이 형성되기 시작한 것은 1920년경의 일이다. 인적자원관리(Human Resource Management:HRM)는 미국 제조업의 경쟁력 저하로 '경영에서 인적자원관리를 효과적으로 활용하여 경쟁력을 회복시키자'는 생각 하에 종래의 인사관리(Personnel Management)를 한 걸음 진전시킨 개념으로 탄생하게 되었다.

이전까지 인사관리는 노동자를 관리하기 위해 채용관리에서 임금관리, 업적평가 시스템 등 인사와 관련된 제도를 모은 독립적인 기능으로 인식되어 왔으나, 인적자원관리에서는 우선 종업원을 중요한 경영자원으로 생각한다. 마이클 비어 교수 등에 따르면 인적자원관리란 기업의 전략과 조직문화의 관계를 항상 의식하고 실행시켜 나갈 필요가 있는 것으로, 채용과 평가 등 단순히 기능만을 모아서 각각을 개별적으로 관리하는 것은 아니라고 한다.

이와 같이 인적자원관리는 노무나 인사를 포괄하면서도 기업의 전략에 직결되어 있는 점이 종래의 인사관리와 다

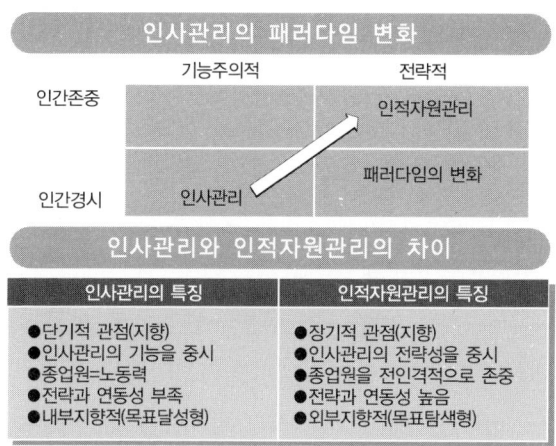

출처:핫토리 오사무, 다니우치 야스히로 공저 《인적자원관리요론》

르다고 생각할 수 있다. 즉 기업의 전략을 담당하는 부서로서 인사부가 있고, 그러한 의사결정에 주도적으로 관여하는 각 스태프와 매니저가 존재한다는 사고방식이다.

1-3 조직·인사와 이해관계자

조직에 있어서 인사는 다양한 내부·외부환경과 상호작용을 하면서 기업경영의 중요한 시스템의 하나로 기능하고 있다. 즉 단순하게 조직을 구성하는 내부의 개인이나 집단만을 논의의 대상으로 하는 것이 아니라 다수의 다양한 이해관계자, 자연환경, 법률, 제도, 문화 등 조직에 영향을 미치는 여러 요인을 대상으로 하여, 그것들에 어떻게 적응하고 존속과 성장을 도모하는가가 가장 중요한 명제가 된다.

조직은 투입(Input)으로서의 여러 경영자원을 효과적으로 조합하여 성과(Output)를 만들어 내고, 다시 새로운 자원을 생산해 내는 시스템이기 때문에, 인사도 마찬가지로 다양한 이해관계자를 고려하면서 기업의 사업활동을 조성해 나가는 경영전략론과 밀접한 관계가 있다. 전통적으로 독립된 강력한 인사부분을 가진 기업들의 대다수는 일괄채용, 교육에서 배치, 평가, 보수제도의 운용 등 기능만을 중요시하는 경향이 있다. 그러나 조직은 사람과 그 집합체로 어디까지나 회사의 전사전략을 실행하는 가장 중요한 핵심요소이기 때문에 경영기획 등의 부문과 함께 전략의 입

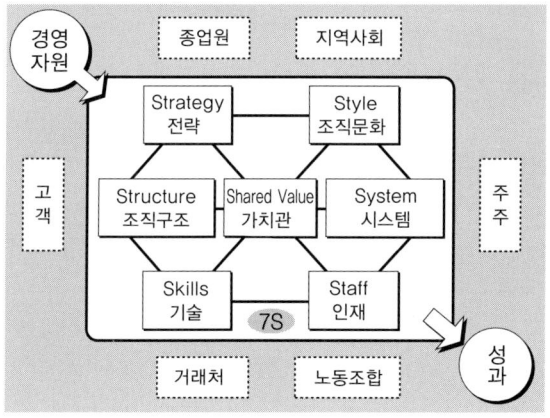

안에서 실행까지 주체적인 역할을 다해야 한다.

도표는 이러한 상호작용의 움직임을 나타내고 있다. 조직이란 단순한 구조만이 아니라 전략과 문화(공유하는 가치관), 시스템, 구성원의 기술 등이 다원적으로 결합되어 성과를 만들어 내고 있는것임을 확인할 수 있다.

2. 인적자원관리 플로우

2-1 인적자원관리 플로우

HRM의 흐름은 크게 인플로우, 내부 플로우, 아웃플로우 등 세 가지 매니지먼트로 나눌 수 있다. 조직에서는 모든 계층의 인재가 입사하고, 활동하고, 퇴직하는 플로우를 가진다. 이러한 인재의 흐름에서는 '적정한 능력을 가진 적정한 수의 직원을 확보한다'는 요구에 대응하여 채용, 인재육성, 인재활용, 승진, 승급, 퇴직과 관련하여 공정·공평하고 사회의 법률 기준을 만족시켜야 한다. 그리고 더욱 중요한 것은 이런 영역에서의 의사결정이 비즈니스상의 경영계획, 매출, 이익, 성장, 배당 등의 의사결정에도 커다란 영향을 미치게 된다는 것이다.

결국 HRM은 기업이 전략목표를 달성하고 종업원과 사회에 대한 의무를 다하기 위한 전제조건을 결정해 나가는 것이다. 그리고 이 전제조건의 결정은 인사담당자만이 아니라 각 스태프와 현장관리자가 참여해야 하는 중요한 의사결정인 것이다. 인사관리와 인적자원관리(HRM)의 차이점은 이미 살펴본 바와 같이 HRM에서는 항상 경영(전략)과

인적자원 플로우

조직측의 요건
- 비즈니스의 목표와 계획
- 인적자원 플로우의 계획

개인의 욕구
- 개인의 목표, 경력과 인생에 대한 계획
- 개인의 경력개발 계획

플로우 제도의 시스템과 운용

인플로우	내부 플로우	아웃플로우
● 모집·채용 ● 평가와 선발 ● 오리엔테이션, 도입훈련	● 업적과 잠재능력의 평가 ● 경력 개발 ● 배치, 승진, 강격 ● 교육·훈련	● 해고 ● 전직 지원 ● 퇴직

사회적 기능
- 행정적인 법적규제 ● 행정감독기관 ● 교육기관 ● 노동조합
- 사회적 가치관 ● 공공정책

출처: James Walker 《Human Resource Planning》 McGraw-Hill, 1980

관련하여 인재 플로우를 검토한다는 것이다. 채용, 배치, 이동, 승진, 퇴직을 별개의 기능이 아니라 어디까지나 경영 전체의 중요한 기초로서 그 역할을 대국적인 견지에서 파악하는 것이 중요하다. 그리고 이를 위해서는 문제가 발생한 후에 그 기능이 작동하는 것이 아니라 항상 인사부와 관리자를 포함한 현장이 서로 밀접하게 협력하는 계획적인 운영이 필요하다.

2-2 노동시장과 고용환경의 변화

노동시장은 크게 두 가지로 나눌 수 있다. 하나는 외부노동시장(External Laber Market)이고 다른 하나는 내부노동시장(Internal Laber Market)이다. 외부노동시장은 사외에 넓게 열려진 노동시장이고 내부노동시장은 기업 내에 폐쇄된 노동시장을 가리킨다. 내부노동시장의 후보자는 입사에서 퇴사까지의 종업원으로 부장이나 CEO 등의 직위에 필요한 인재를 사내에서(승진에 의해) 조달하는 것이 된다.

외부 및 내부 모두 노동시장의 변화가 커서 HRM에서도 노동시장의 변화에 따르는 구조적인 변혁을 실시해야 한다. 예를 들어 노동력의 인구구성이 크게 변화하고 저출산 고령화가 진전되어 직위의 부족, 인건비의 급등 등 종래에는 문제가 되지 않았던 여러 가지 문제가 발생하고 있다.

또한 고용형태의 다양화는 경영환경의 악화에 따른 실업률의 상승이나 이에 따른 일자리 공유제(Work-sharing) 등의 방법과도 밀접한 관계가 있고, 종업원의 의식 변화도 다양한 인재관리 시스템의 필요성을 지지하고 있다. 이것은 노동에 대한 가치관과 관계가 있어 기업에게 있어서도 업무의 효율화와 종업원 만족(Employees Satisfaction) 향상을

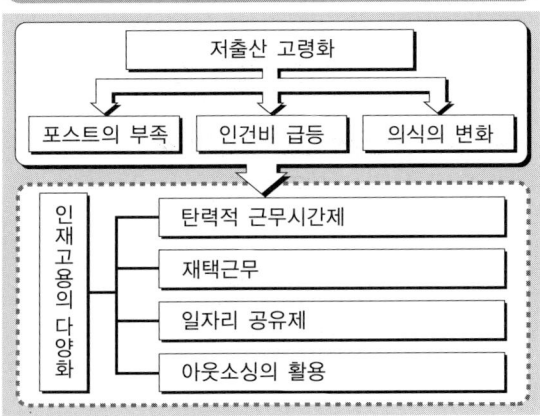

위해 탄력적 근무시간제(Flexible-time System), 재택근무(Telework) 등이 생겨났다. 일본에서도 장기고용/종신고용(Longterm Employment/Lifetime Employment)이나 연공서열(The Seniority System)적 경영이 변화하고 있고 이에 따라 업무에 대한 의식에도 변화가 일어나고 있다.

2-3 인플로우① 채용의 역할

HRM에서 채용이란 기업의 외부에서 사람을 채용하는 것으로 인원계획을 구축하고 그 대상과 다양한 고용형태를 관리하는 것이다. 신입자의 경우 어떤 잠재력을 가지고 있고 어느 분야에 흥미가 있는지, 기업의 풍토나 직무내용, 인재개발 계획에 관해서 서로의 특성을 살펴볼 필요가 있다. 경력자 채용은 신입자와 달리 즉시 전력이 되는 인재를 찾는 것으로, 이미 전문성을 가진 인재를 어떻게 얻을 수 있는가, 필요한 인재를 핵심인력으로 '고용해야 하는가' 혹은 파견직원이나 전문성을 가진 인재를 필요한 시기에 채용하는 아웃소싱 등을 활용하여 '외부직원으로 계약해야 하는가'의 선택도 필요하다.

채용이란 이와 같이 필요한 인재를 인원계획에 기초하여 필요한 시기에 확보하는 것이다. 여기에서 중요한 것은 기업과 후보자가 서로 본질적인 특성을 살펴보고 의사결정을 해야 하는 것이다. 예컨대 교섭력이 앞서는 고용자측의 입장이라도 후보자에 대한 적정한 직무요건과 노동조건을 노동자에게 제공하지 않으면 우수한 순서로 회사를 떠나가는 인재유출이 발생하게 된다. 또한 동시에 인재유

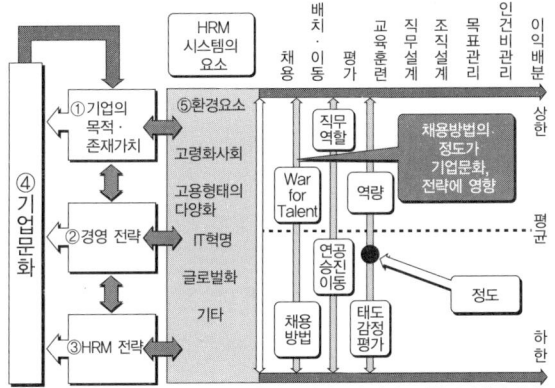

출처 : 하나오카 마사오 《인적자원관리론》

출의 영향으로 새로운 우수 인재를 확보하는데 커다란 벽에 부딪히게 되는 경우가 빈번하게 발생한다. 벌써 일부에서는 인재획득전쟁(War for Talent)이 일어나고 있는 와중에 기업에게 있어 중요한 역할은 우선 자사의 매력을 높이고 어떻게 우수한 사람들을 모으는가 하는 것이다. 예외적으로 우수한 인재를 채용했다 하더라도 그 후 이직이 발생하면 기업에게는 타격이 아닐 수 없다.

2-4 인플로우② 채용 플로우

기업에서는 사람을 채용할 때, 채용기준을 미리 정한다. 미래에 간부직을 맡을 만한 잠재력이 있는가, 연수를 통한 지식습득과 경험을 통한 기술 획득 등이 가능한가 등이 판단기준이 된다.

신입사원의 경우 취직에 앞서 업무내용의 파악과 적성을 자세히 파악하기 위해 '견습생'으로 일시적인 체험입사를 하는 인턴제도가 있다. 직종별 채용을 근간으로 하는 외국기업에서는 일정기간의 업무실습이 반드시 필요한 경우도 많고, 대학 재학시부터 방학동안에 인턴으로서 일정기간 체험입사를 실시하여 희망직종의 실무를 체험하기도 한다. 인턴제도를 채용과정의 일환으로 하고 있는 경우에는 입사 후보자측이 기업을 경험하는 동시에 기업측에서도 해당 학생이 채용기준을 만족시키는지를 파악할 수 있는 장점이 있다.

앞에서 설명한 대로 필요한 인재를 인원계획에 기초하여 필요한 시기에 확보하기 위해 중요한 것은 기업과 후보자가 서로 본질적인 특성을 파악하여 의사결정하는 것이다. 요컨대 기업에게는 후보자가 고용을 결정하는 최소기

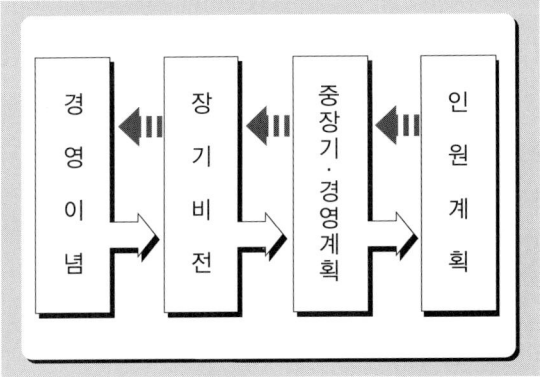

출처: 니시카와 기오유키 《인적자원관리입문》

준을 만족시키고, 동시에 기업이 가진 현재의 조건이 후보자의 입사기업 결정기준을 만족시켜야 한다.

물론 기업이 성장하는 시기에는 우수한 인재를 채용하면서 기업이 제공하는 고용조건을 향상시켜나가는 방법도 있다. 그러나 현실적으로는 후보자측과 마찬가지로 기업에 있어 가능한 것과 불가능한 것을 확실히 한 후에 합의를 하는 것이 조직의 흐름에 연속성을 저해하거나 채용과 교육, 배치 등에서 커다란 기회비용을 초래하는 이직을 막는 가장 중요한 점이라고 말할 수 있겠다.

2-5 내부 플로우

인적자원관리의 기능은 인력의 모집, 채용, 평가, 급여와 보상, 승진, 승격, 배치, 이동, 인재육성, 복리후생 등 아주 다양하다. 여기서는 채용 후의 인력 배치, 이동과 관련한 결정 프로세스를 생각해 보자.

인력의 배치(Allocation)에서는 역할을 명기한 직무기술서(Job Description)와 각 인력이 가지고 있는 능력·기술의 요건(Personnel Specification)을 적정하게 판단하고 적재적소에 인재를 배치할 필요가 있다.

한편, 단순히 업무의 적성만을 근거로 인재를 배치해서는 안된다. 장기적으로 각 인력의 종합적인 능력개발이라는 관점에서 현재 적성이 아닌 직무를 담당하게 하는 것도 인재개발의 프로세스에서는 중요한 역할이다. 공장에서 조립작업 속도가 가장 빠르더라도 그 사람에게 평생 생산직원의 직무를 맡기는 것은 조직에서는 비효율적인 경우가 있다. 만일 그 사람이 관리능력을 가지고 기술과 현장작업을 이해하는 관리자로서 큰 역할을 담당할 가능성이 있는 경우에는 현재의 역할을 바꾸더라도 공장의 관리자로서 필요한 지식이나 기술, 경험을 쌓는 것이 중요한 단

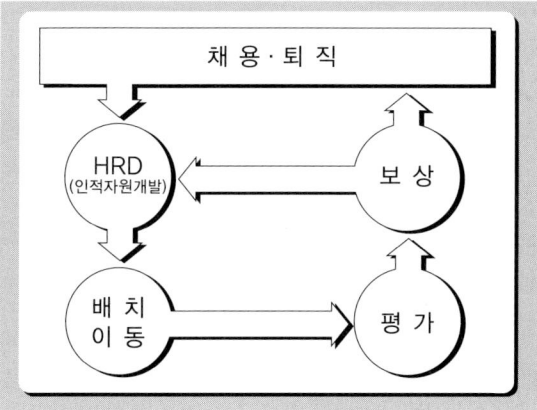

계라고 할 수 있다.

물론 현실적으로는 조직 내 모든 사람이 원하는 직무를 담당할 수는 없다. 각각 현단계에서의 직무 적성도와 인재의 매칭을 생각하고 최종적으로 어떠한 업무를 맡기고 장기적으로 기업의 발전을 촉진시키는 체제를 어떻게 구축할 수 있는가를 계획하고 실행해 나가야 한다.

2-6 승진과 승격

 어떤 부서에 배치되는가는 종업원만이 아니라 조직전체에서도 중요한 문제다. 배치되는 부서에 따라 일상적인 업무내용이 크게 변하기 때문이다. HRM의 경력개발에서는 이것을 배치관리 및 승진·승격관리로 다룬다.
 종업원의 경력이라는 관점에서 본 배치와 승진, 승격을 포함한 이동은 다음의 세 가지 포인트에 기초하여 진행되고 있다.
　①직무상 직위간 이동(승진)
　②소속조직 내의 이동(영업본부와 영업지점간의 이동 등)
　③소속과 직종의 이동

 지금까지 종업원의 배치·이동은 많은 과제를 내포하고 있다. 기업 내에서 필요로 하는 기능과 종업원이 가진 기술이 일치하지 않는 경우가 많아서, 구조조정을 실시하는 대부분의 기업에서는 중견사원이나 관리직을 대상으로 구조조정을 실시하고 있으며, 이러한 불일치를 없애는 것도 배치관리의 목적 중 하나다.
 예를 들면 조직 내의 관리층을 관리직과 동일한 처우로

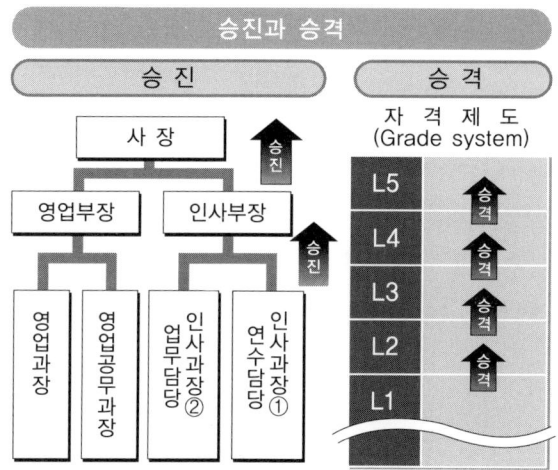

대하는 전문직 제도 등의 도입으로 종업원이 자격요건을 충족시키면 승진이 아니라 '승격'을 시키는 등 부정적 이미지가 없는 대응으로 조직 내의 경력코스를 구축하는 것도 배치, 승진·승격관리의 중요한 목적이 되고 있다.

2-7 인적자원개발

인적자원관리에 있어서 인적자원개발(HRD : Human Resources Development)은 ①능력의 향상 ②입사 시부터 체계화된 계속적인 활동, 그리고 ③경영이념·전략과의 정합성 확보 등 세 가지 활동으로 나누어 설명할 수 있다.

①미래에 종업원에게 필요한 지식, 기술, 능력의 향상
②체계화된 인적자원에 대한 입사 시점부터의 계획적이고 계속적인 활동
③기업 전체의 존속, 발전을 실현하기 위한 경영이념·전략과 정합성을 가지는 활동

또한, 이러한 것들을 실시하기 위한 기능으로서 다음의 세 가지가 필요하게 된다.

첫째는 '인적자원의 잠재능력 향상'이다. 개개인의 인적자원의 기능을 높이는 것으로 인적자원 전체의 질을 향상시키기 위한 것이다. 둘째는 '인적자원의 니즈와 기업의 전략적 니즈의 정합성 확보'이다. 각각은 자신의 업무와 기능에 대한 니즈를 가지고 있는 바, 그 개인의 니즈와 기업의 전략적 니즈를 적절하게 조정하여 기업 전체의 목표

HRD의 세 가지 활동

1 미래에 종업원에게 필요한 지식, 기술, 능력의 향상

2 체계화된 인적자원에 대한 입사 시점부터의 계획적이고 계속적인 활동

3 기업 전체의 존속, 발전을 실현하기 위한 경영이념·전략과 정합성을 가지는 활동

나 경영전략과 개인의 노력의 방향성을 일치시키는 것이 가능하게 된다. 셋째는 HRM과 협력하여 기업 내에서 인적자원이 가지고 있는 기능을 모두 발휘하여 효과적으로 활용할 수 있게 하는 것이다.

사람, 물건, 돈, 정보 등 네 가지의 경영자원 중에서도 사람(인적자원)은 조직을 움직이는 주역으로, 경영자원 중에서도 핵심이 되는 가장 중요한 자원임은 두말할 필요도 없다.

인적자원을 효과적으로 활용하는데는 인재육성이라는 프로세스가 필요하고 인재에 대한 투자가 불가피하다.

2-8 인재개발 시스템

 인적자원관리에서 사람은 경영자원 중의 하나이지만 조직을 움직이는 주체다. 이 자원을 활용해 나가는 데는 인재에 대한 투자도 필요하게 된다. 인적자원관리에 포함된 인재에 대한 투자의 역할은 인적자원개발(HRD) 시스템에 의해 실행된다.

 조직의 인재개발 시스템에는 크게 OJT(On the job training), Off - JT(Off the job training), 자기계발 등 세 가지가 있다.
 ①OJT : 직장내에서 실제 업무를 통해서 지식이나 기술을 습득하는 현장중시의 인재육성방법이다. 업무만이 아닌 기업의 풍토나 문화도 흡수하면서 단기간에 효과를 올릴 수 있다.
 ②OFF-JT : 직장 외에서 받는 교육훈련으로 계층별 연수, 신입사원 연수, 전문별 연수, 기능별 연수 등 일상의 업무를 떠나서 행해지는 집합연수를 가리킨다.
 ③자기계발 : 자기의 필요와 흥미에 따라 그 능력을 향상시키기 위해 행해지는 개별적인 능력개발을 말한다. 자기계발 지원제도 등 기업에서 보조해 주는 경우도 많다.

HRD의 구체적인 예

① OJT
직장 내에서 실제 업무를 통해서 지식이나 기술을 습득하는 현장 중시의 인재육성 방법으로 업무만이 아니라 기업의 풍토나 문화도 흡수하면서 단기간에 효과를 올릴 수 있다.

② OFF-JT
직장 외에서 받는 교육 훈련으로 계층별 연수, 신입사원 연수, 전문별 연수, 기능별 연수 등 일상의 업무를 떠나서 행해지는 집합연수를 가리킨다.

③ 자기계발
자기의 필요와 흥미에 따라 그 능력을 향상시키기 위해 행해지는 개별적인 능력개발을 말한다. 자기계발 지원제도 등 기업에서 보조해 주는 경우도 많다.

CDP에 기초하여 실시

또한 장기적 관점에서 '인재개발'은 CDP(Career Development Program)라고 한다. 여기에서는 능력이나 적성에 대응하여 목표직위를 설정하고, 연수와 직무순환으로 그에 필요한 기능과 지식을 장기적으로 습득하게 하는 역할을 한다.

2-9 OJT/OFF-JT
(On the Job Training/OFF the Job Training)

 일본 기업에서는 견습생 제도에서 볼 수 있듯이, 과거부터 OJT와 본인의 자발적 의지에 의한 자기계발이 기업 내 교육의 주된 내용이었다. 즉 집합연수, 강의, 세미나·연수 등의 OFF-JT는 어디까지나 OJT를 보완하는 역할에 지나지 않았다. 그러나 산업사회의 급격한 변화와 생애교육의 보급으로 사원의 지식·능력을 높이기 위해 OFF-JT를 중시하는 기업도 늘어나게 되었다.

 OFF-JT는 다음과 같이 분류할 수 있다.

 (A)계층별 연수 : ①신입사원 ②중견사원 ③감독직, 관리직 ④상급관리직 ⑤경영자 등의 계층에 따라 행하는 연수.

 (B)직능별(전문별) 연수 : 생산, 판매, 연구개발 등 전문에 따른 연수의 실시. 기타 기능연수로서 OA화에 따른 컴퓨터 연수도 실시.

 OFF-JT는 체계적으로 이론 등을 흡수할 수 있는 장점이 있는 반면에 실제 업무에 직접적으로 연결되지 않는 경우도 있다.

 자기계발은 종업원 한사람 한사람의 목적과 목표에 맞

교육훈련의 중점

구 분	사업소계	OFF-JT의 충실	OJT의 충실	자기계발 지원의 실시	기타
합 계	100.0	54.3	42.9	34.5	6.9
1,000명 이상	100.0	71.0	63.0	25.0	5.2
500~999명	100.0	64.0	62.6	26.8	9.7
300~499명	100.0	62.4	58.6	25.4	6.5
100~299명	100.0	56.5	53.8	34.4	8.5
30~ 99명	100.0	52.6	37.8	35.5	6.4

출처:(일본)노동성「97년도 민간교육훈련 실태조사」,「노동시보」,1999년

는 능력향상과 관심・흥미에 대응한 능력개발을 위한 연수라고 할 수 있다. 이와 같은 자기계발의 경우에는 동기부여가 높고, 이에 따라 행동유발 효과도 높아서 실시율도 높아진다.

미국에서는 훈련과 개발에 대한 사고방식이 다르다. 종업원에 대한 훈련(training)은 직무수행에 있어 부족한 부분이나 보완해야 할 기술에 대해서 실시한다. 이에 반하여 개발은 관리자 등이 향후에 필요로 하는 능력을 익히는 것을 의미한다.

2-10 경력개발 프로그램(CDP)

종업원의 장기적인 경력계획 등을 구축하는 것도 인재개발의 중요한 핵심내용 중 하나다. 계획적인 직무이동(job rotation)이나 연수를 통해서 종업원의 직능을 높임으로써 장래에 필요한 인재를 육성하는 제도를 경력개발 계획 또는 경력개발 프로그램(CDP : Career Development Program)이라고 한다.

특히 개별 기업에 국한되는 특유의 지식·기술이 아니라 널리 사외에서 통용될 수 있는 능력개발(employability: 고용능력의 향상)이라는 측면에서 그 중요성이 인식되고 있다. CDP에서는 자기신고나 목표관리, 상사와 인사부 관리자의 면접 등을 통하여 기업측의 기대와 종업원 개인의 장기적인 목표, 기업측에 바라는 내용의 간격을 좁히기 위해 노력한다. 이런 계획에 기초하여 교육, 파견, 이동이 행해지게 된다.

개인의 장기적인 성장을 촉진하는 CDP는 회사로부터의 이동 통지에 의한 파견, 순환근무 이외에 종업원 자신이 자주적으로 이동요청(사내전직)이나 연수를 신청할 수 있는 제도로 운용하고 있는 기업도 있다.

출처: (일본)노동행정연구소 「교육훈련, 공적자격취득지원 등의 실태」 1996년

휴렛 팩커드사에서는 'HP Way'라는 세계 공통의 가치관 하에 회사의 부담으로 취업시간 내에 교육을 받는 것을 장려하고 있다. 직종을 변경하고 싶다는 경력계획을 세우는 것도 원칙적으로 개인의 자유에 맡겨, 사내공모를 시작으로 회사가 적극적으로 개인의 경력개발 프로그램 수립을 지원한다.

2-11 전문직 제도(Specialist System)와 선발형 경영간부 육성제도

전문직 제도는 종래의 '승진=관리직'이 아니라 전문적 지식·기술자, 숙련 기능자 등을 대상으로 하는 제도로 동일 직능자격의 경우 관리직과 전문직의 처우상의 격차가 없는 것을 원칙으로 하고 있다.

직무순환을 기본으로 일반관리자의 육성을 중시해 온 사회와 기업풍토에서는 '승진=일반관리자'로 되어 있어 그 밖의 전문직은 비핵심 노동력으로 간주되는 경향이 있었다고 할 수 있다. 그러나 고용의 유동화, 경영환경의 변화와 기술혁신의 진전으로 전문적 분야의 직업군이 크게 확대되는 등, 본격적인 전문직 제도를 포함한 '복선형 인사제도'가 구축되고 있다. 여기에서는 우수한 전문직을 임원급으로 대우하는 구미 여러나라의 '대전문직 제도', '고도전문직 제도'나 전문직 계약제도를 도입하는 기업이 늘어나고 있다.

또한 선발형 경영간부 육성제도라는 것은 기업측이 이른 시기부터 미래의 경영간부 후보자를 선발하고 육성하는 제도로, 기업내 대학(Corporate University)을 설치하고 종

전문직 제도와 기업 내 시스템

종래
- 관리직 ← 일반사원
- 인재육성·경력경로·임금 등…모두가 관리직을 지향하는 시스템

향후
- 관리직, 전문직 ← 일반사원
- 인재육성·경력경로·임금 등…적성이나 진로에 대응하는 시스템

출처:기타지마 마사노리 《비쥬얼 인사의 기본》 닛케이문고, 1995년

래의 전체 연수제도와는 다른 내용으로 조기 엘리트 육성 프로그램을 운영하고 있다. 글로벌 비즈니스의 추진, 컴퍼니제의 전개와 연결경영, 능력주의 등과 함께 세계적인 경쟁에 승리하기 위해서는 조기의 경영자 육성이 필수불가결한 과제가 되고있다.

2-12 종업원의 퇴직(Out Flow)

퇴직과 관련하여 적정한 제도를 만들어 운용하는 것도 HRM의 중요한 역할 중 하나다. 퇴직에는 자발적으로 퇴직하는 '개인사정으로 인한 퇴직'과 비자발적으로 퇴직하는 '회사사정으로 인한 퇴직'이 있는데, 후자는 인재의 유동화를 촉진하기 위해 자발적인 퇴직을 유도하는 조기퇴직 우대제도(Early Retirement Program) 등도 포함하고 있다. 퇴직금을 할증하는 인센티브도 함께 운영하기도 하는데 특히 중견사원을 대상으로 실시하고 있다. 이러한 우대제도는 제2의 인생설계 지원이라는 측면과 고용조정이라는 측면을 지니고 있다.

회사사정에 의한 퇴직에서 기업측으로부터 일방적인 통보에 의한 '해고'는 강제적 퇴직으로 합리성이 엄격하게 의문시되고 있다. 경영부진에 의한 인원삭감의 필요성 등이 증명되어야 고용조정을 할 수 있다. 일반적으로 구조조정이라고 불리는 잉여인력의 조정도 정리해고의 하나라고 할 수 있다("Restructuring"은 순수하게 사업이나 조직의 재구축을 의미하는것으로 정리해고의 의미는 없다). 그러나 기업이 일방적으로 해고를 하면 조직에 남게 되는 다른 종업원의 사기에

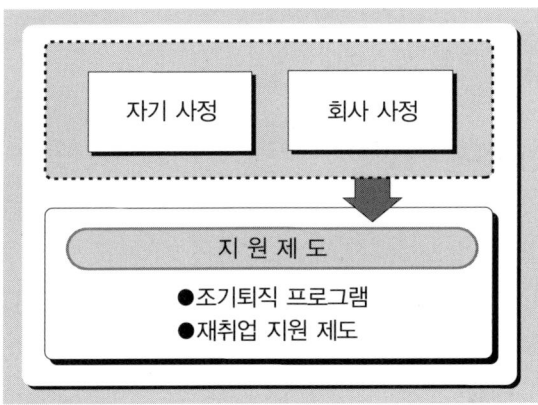

큰 영향을 미친다.

조기퇴직 프로그램 응모자나 해고대상자에 대한 기업의 대응으로는 다음의 경력형성 지원을 위해 재취업지원 서비스(Outplacement Service) 제공기업과 계약하여 끝까지 팔로우업(Follow-up)할 수 있는 체제를 만드는 회사들이 점차 늘어나고 있다.

또한 종업원도 스스로의 노력으로 개인의 고용기회를 향상 시키는 것이 중요하다. 이를 위한 경력육성의 지원과 자립적 직업의식 등, 의식전환을 추진해 나가는 것도 중요하다.

3. 평가 · 보상 시스템

3-1 보상 시스템이란?

보상 시스템이란 기업의 모든 종업원이 업무에 대해 매력을 느끼고 동기부여되어 업무를 해 나갈 수 있도록 공정하고 공평한 입장에서 보상을 하는 시스템을 말한다.

이것은 금전적인 면에서 급여와는 별도로 주는 것과 그렇지 않은 것이 있고, 다시 개인의 업적에 대해서 주는 경우와 조직, 그룹의 업적에 대해서 주는 것 등으로 나누어진다. 보상을 기초로 하여, 목표 달성을 위한 행동을 유발하는 수단은 몇 가지 정도로 나눌 수 있다. 이때 종업원을 어느 정도 참가시킬 것인가, 어떤 보상을 줄 것인가의 의사결정은 경영이념이나 종업원의 요구, HRM제도 등과 일관성이 유지되어야 한다.

이러한 의사결정은 급여 중에 어느 정도를 인센티브로 배분할 것인가 하는 균형의 문제와 개인과 조직의 업적을 어떻게 구분하여 보수와 연결시킬 것인가 하는 평가 시스템, 보수 시스템과 관련된 것이다.

기업전체의 사명(Mission)이나 목표와 개인의 목적을 일치

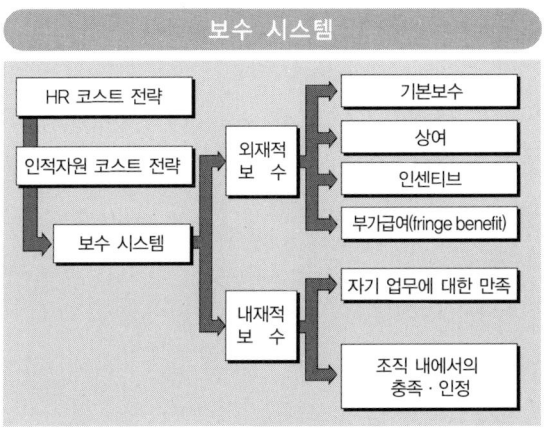

출처 : 하나오카 마사오 《인적자원관리론》

시키는 것은 물론, 회사로서 어느 정도의 이익을 올리고 어느 정도의 재무상황에서 일정액의 보상을 줄 수 있는가 등 그 토대가 되는 전제조건을 이해하는 것은 보수 시스템을 고려하는데 있어 가장 중요한 전제 중 하나다.

3-2 임금관리

임금은 노동의 대상으로서 사용자가 노동자에게 지불하는 모든 것이라고 정의할 수 있다. 즉, 일반적으로 직장인이 매월 받는 월급만이 아니라 보너스, 퇴직금, 현물지급 등도 '임금'에 포함된다.

임금은 노동자에게는 보수이지만 기업에게는 비용이다. HRM에 있어서 임금관리란 임금의 수준, 임금의 체계, 임금총액과 노동량 등 임금제도의 여러 측면을 생각하고 기업경영상의 비용과 종업원의 보수 사이에서 합리적인 균형을 유지하는 것이다. 사회적 조건과 경제적 조건을 모두 고려하면서 양자를 어떻게 병립시킬 것인가가 HRM에 있어서 임금관리의 문제이다. 임금체계나 직무급, 직능급, 승급제도 등 임금관리의 제도, 운용이 크게 변화하는 와중에 임금의 공평성을 확보하기 위해서는 임금결정의 근거를 제시하는 제도를 정해 둘 필요가 있다.

①**직무급 제도**: 직무내용을 임금액 결정의 주된 근거로 하는 제도. 기업의 모든 직무에 서열을 부여하고 그에 따라 임금을 결정.

②**직능급 제도**: 기본급 부분이 본인급과 직능급으로 나누

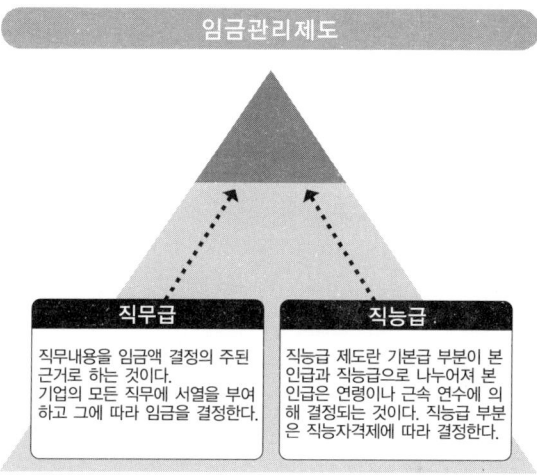

어지고, 본인급을 연령이나 근속 연수에 따라 결정하는 제도. 직능급 부분은 직능자격제도의 서열에 의해 결정.

직무급을 중심으로 하는 미국형과 연공의 색채가 강한 직능급 제도를 중심으로 한 일본형은 큰 차이가 있지만, 최근에는 이 두 가지를 접목하여 보다 균형적인 중간적 임금관리제도로 이행하고 있는 추세이다.

3-3 인사고과란?

인사고과란 종업원의 능력이나 업적을 평가하기 위한 제도로, 직무활동을 통해서 대상이 되는 종업원의 능력 보유도, 능력 수행도, 수행 태도와 자세, 이에 따른 성과와 업적을 평가하는 구조를 말한다.

인사고과는 승진과 배치, 승급, 상여, 교육훈련 등에 관한 결정을 할 때 중요한 기초자료가 되어 아주 큰 영향력을 가지게 된다. 따라서 공평하고 신뢰할 만한 근거가 있어야 한다. 또한 자기신고제나 자기보고서와 면접 등 객관성과 납득성을 높이기 위해 보완적인 방법을 조합하여 사용하는 것이 중요하다.

특히 자기신고제는 목표관리와 같은 것으로 종업원이 스스로의 담당직무 수행상태, 근무태도 등에 대해서 자기평가를 하는 동시에 자기의 적성, 보유 자격, 전문지식, 미래 담당직무에 관한 목표나 희망에 대해 신고하고 상사나 인사담당자와 미래의 경력개발계획 등에 대해서 면담도 할 수 있다. 이러한 여러 제도는 '어떻게 인사고과의 신뢰성을 높이고 적성에 맞는 배치나 인재개발 등을 이룰 것인가' 하는 목적을 가지고 있다.

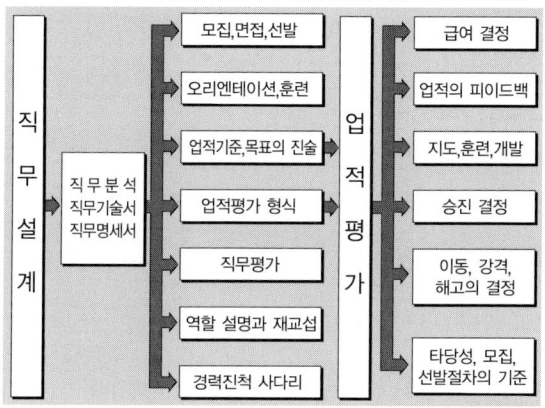

출처 : 니시카와 기요유키 《인적자원관리입문》

일방적인 관리에서 이러한 것들을 쌍방향으로 진행할 수 있게 한 것이 자기신고제도이고, 이를 보다 객관적으로 하기 위해 자신을 포함한 상사와 동료, 부하까지 평가에 포함시키는 '360도 평가제도'도 도입되고 있다. 한편 제도와 운용은 별개의 문제로 면접(평가)을 하는 측이나 받는 측 모두 프레젠테이션 기술이나 코칭 등과 같은 관련 기술을 향상시켜야 현실적으로 활용할 수 있다.

3-4 업적평가 시스템

업적평가의 목적은 앞서 말한대로 금전적인 인센티브를 결정하기 위한 평가부터 종업원의 능력개발을 위한 평가까지 다양하다.

또한 어떤 목적을 중시하는가는 기업의 특징이나 정책에 따라 달라지게 된다. 즉 최적의 성과를 불러오는 평가 시스템은 존재하지 않고 기업에 따라 전혀 다른 목적으로 실행되고 있다.

업적평가와 능력개발을 위한 평가는 그 목적이 서로 다르기 때문에 평가항목 등의 프로세스도 당연히 달라진다. 예를 들면 업적평가가 인재의 선발에 사용되는 경우 가장 중요한 것은 인재를 좋은 인재와 그렇지 않은 인재로 나누어 좋은 인재만을 선발하면 되기 때문에 평가 항목을 많이 하여 상세하게 다루는 것은 중요하지 않다고 할 수 있다. 한편 능력개발을 위한 피드백에 사용되는 경우, 약한 부분을 보완하고 강한 부분을 더욱 강화하기 위해 평가항목을 여러 개로 나누는 것이 보다 상세하고 효과적인 피드백을 가능하게 한다.

또한 커뮤니케이션의 촉진을 위해 업적평가를 하는 경우

일반적인 업적평가의 목적

- 인재의 선발, 급여·승진 등과 관련한 의사결정
- 성과 향상을 위한 피드백
- 조직 내, 직장 내 커뮤니케이션의 촉진
- 사실의 기록 (법적 대책 등)

성과의 척도

1. 특정 직무에 필요한 능력
2. 조직 내에서 통용되는 광범위한 직무와 관련한 능력
3. 커뮤니케이션 능력(문장력도 포함)
4. 노력, 지속력
5. 자기계발의 지속
6. 팀 성과 향상을 위한 동료 격려
7. 리더십과 지휘감독
8. 관리업무

에는 그 프로세스 자체가 더 중요하게 된다. 평가의 빈도와 피드백 방법 그리고 사전 목표설정 등, 성과 평가와 관련된 다양한 커뮤니케이션 프로세스를 어떻게 할 것인가에 주의를 기울여야 한다. 또한 업적평가가 법적 대책으로서 사실의 기록이라는 목적을 가지고 있는 경우 어떻게 기록해 두는가가 중요해진다.

3-5 업적평가의 정확성

업적평가가 정확한 것은 바람직한 일이지만 모든 것을 정량적으로 평가할 수 없는 경우에는, 정성적인 평가가 개입되어 주관성을 완전히 배제하는 것은 불가능하다. 따라서 정확성을 높이기 위해 큰 비용을 들여서 업적평가 시스템을 구축하였더라도 기준 그 자체의 평가를 숫자에 의해 정량적으로 실시할 수 없는 경우에는 평가 시스템이 목적을 100% 충족시켰다고 할 수는 없다. 이러한 전제하에 가능한 한 정확성을 높이기 위해서는 어떤 요소가 필요할까?

평가자가 대상자의 업적을 평가하기 위해서는 그 업적을 판단할 수 있는 정보가 필요하다. 가장 중요한 것은 평가자가 직접 대상자의 행동을 관찰하는 것으로 이렇게 해야 평가의 정확성을 향상시킬 수 있다. 따라서 '누가 평가해야 하는가'가 아니라 '누가 평가할 수 있는가' 즉, '누가 대상자를 평가하는데 충분한 정보를 가지고 있는가'라는 관점에서 평가자를 선정해야 하며, 조직상 상사가 부하를 평가해야 한다고 하더라도 그 상사가 부하의 행동을 직접 관찰할 기회가 적다면 정확한 평가를 할 수 없게 된다. 그

평가환경의 기초가 되는 것

1 평가자가 대상자를 직접 관찰할 수 있는 기회를 늘릴 수 있도록 환경을 정비한다

2 평가자가 적극적으로 대상자 평가에 사용할 수 있는 정보를 수집하도록 동기를 부여한다

3 대상자의 평가와 관련한 정보를 가장 쉽게 얻을 수 있는 사람을 평가자로 한다

상사 이외에 직접 관찰할 수 있는 상황에 다른 사람이 있는 경우, 그 사람이 대상자를 평가하는 것이 보다 정확한 평가를 내릴 수 있다.

한편 평가자에 대한 훈련은 업적평가 시스템의 효과를 높이기 위해 아주 중요하다. 훈련에 의해 '해당 조직에 있어서 업적이란 무엇인가', 또한 '어떤 행동이 바람직하고 어떤 행동이 바람직하지 않은가' 등에 대해 통일된 견해를 구축하고 일치시키는 것이 필요하다.

3-6 목표관리제도 (MBO : Management by Objectives)

동기부여를 높이면 업무에 몰두하여 업적(Performance)에 커다란 영향을 준다. 조직행동에서 동기부여와 관련한 이론으로 목표설정이론(Goal Setting Theory)이 있다. 이 이론을 이용한 제도를 목표관리제도라고 한다. 목표관리제도란 각자가 자신의 업무와 관련한 목표를 설정하고 그 과정과 결과를 정기적으로 리뷰하는 것으로 평가와 의욕의 향상을 촉진하는 제도이다. 월간이나 분기, 혹은 연간 달성해야 할 목표에 대해서 상사가 조직 전체의 목표나 기대를 명시하고 대화를 통해서 목표를 설정한다.

대표적인 흐름은 다음과 같다.

①고객 니즈와 사업의 목표를 이해한 후에 목표달성을 위해 자신의 역할과 기능을 재확인
②역할과 구체적인 목표를 설정
③목표와 결과를 비교한 후 평가를 실시, 향후 계획 등을 피드백

맥그리거는 '목표에 의한 관리'를 Y이론과 같이 다루고

MBO

1 고객의 니즈와 사업의 목표를 이해한 후에 목표달성을 위한 자신의 역할과 기능을 재확인

2 역할과 구체적인 목표를 설정

3 목표와 결과를 비교한 후에 평가를 실시, 향후 계획 등을 피드백

있다. 이 '목표에 의한 관리'는 R&D부문이나 영업부문의 직무를 담당하고 있는 부서 등에서도 동기부여 기법으로 도입되고 있다.

다음에서 설명하는 밸런스 스코어카드(Balanced Score Card) 등도 목표관리의 하나로, 종래의 목표관리를 더욱 정량화하여 경영목표와 일치시킬 목적으로 도입되고 있다.

3-7 밸런스 스코어카드 (BSC:Balance Score Card)

경영상의 모든 전략적인 목표를 정하고, 그 숫자의 추이를 필요에 따라 체크하고 문제점이나 강화해야할 점을 신속하게 찾아내어, 대응책을 세우고 실행하는 경영관리기법의 하나로 밸런스 스코어카드(BSC)가 있다.

기업에 따라 전략적 목표관리, 다면적 목표관리 등으로 불리고 있는 BSC는 종래의 목표관리와 같은 종류로 생각할 수 있지만, 재무적인 결과만이 아니라 그 결과에 이르는 프로세스측면도 균형적으로 중시하고, 그 측정을 철저하게 숫자화하여 애매함을 배제한 것이 특징으로 경영상의 효과적인 프레임 워크 중 하나로 활용되고 있다.

BSC에서는 전사, 부문, 부서, 개인 단위로 각각의 목표를 세우고 구체적인 수치지표('인위적인 실수를 줄인다' 가 아니라 '0.01%이하로 한다' 등)로 관리한다. 이를 통해서 개인의 노력 등과 같이 실제 업적에 나타나지 않는 프로세스 측면이나 개별요소로부터 객관적으로 인재를 평가할 수 있다.

로버트 카플란과 데이비드 노턴에 의해 제창된 BSC는 GE나 HP 등 유력기업에 도입되었고, 국내에도 도입되고

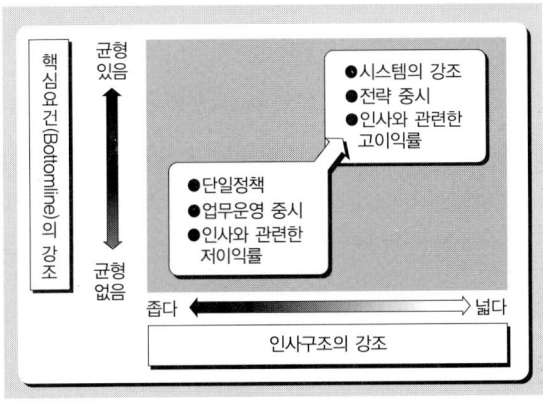

출처: B.E. 베커 《HR 스코어카드》 닛케이BP사

있다. BSC에서는 수치지표의 관리를 위해 IT(정보기술)가 활용되고 있으며, 소프트웨어 기업들이 전용 소프트웨어를 제공하고 있다.

3-8 역량(Competency) 평가

'높은 성과를 창출하기 위해 안정적으로 발휘하고 있는 사고·행동특성'을 역량(Competency)이라고 한다. 기준을 설정한 후에 평가제도의 한 형태로서 역량평가가 이용되고 있다. 역량은 그 특성에 따라 크게 세 가지로 나누어진다.

① 지식·기술 (Skills): 대인관계 구축력이나 정보 수집력
② 성격·성질 (Character): 유연성이나 지속성, 계획성
③ 의식 (Mind): 리더십 등 업무를 수행할 때 개인이 중시하는 의식

역량 평가에서는 다음과 같이 평가기준을 설정하고 그에 기초하여 목표관리와 능력개발을 추진한다.
(1) 부서·직위마다 "유능한" 사원(High Performer)의 행동을 분석
(2) 성과를 내는 특성을 추출
(3) 성과를 내는 유능한 사원의 행동특성을 평가기준으로 명시
(4) 유능한 사원의 공통 행동패턴을 추출·명시, 사원의 채용이나 간부 등용 시 판단기준으로 활용

역량의 특성

① 지식·기술 ("Skills") — 대인관계 구축력이나 정보 수집력

② 성격·성질 ("Character") — 유연성이나 지속성, 계획성

③ 의식 ("Mind") — 리더십 등 업무 수행상 개인이 중시하는 의식

역량 평가의 실시

① 부서·직위마다 "유능한" 사원(High Performer)의 행동을 분석

② 성과를 내는 특성을 추출

③ 성과를 내는 유능한 사원의 행동특성을 평가기준으로 명시

④ 유능한 사원의 공통 행동패턴을 추출·명시, 사원의 채용이나 간부 등용 시 판단기준으로 활용

 역량평가는 사원의 평가기준이나 목표관리에도 활용되고 있다. 이러한 역량평가를 기업 인사관리제도의 근간이 되어있는 직능자격제도와 연결시켜 인사제도를 재설계하는 기업도 등장하고 있다.

제 2 부

조직행동

사람과 조직의 문제에 대하여 생각하는 경우, 경영학에서는 인적자원관리(HR)와 조직행동(OB)의 관점이 서로 차이가 있다. HR에서는 사람과 조직에 대해서 평가나 제도 등의 구조를 만들어 사람과 조직을 활성화시키는데 반하여, OB에서는 관리자 등 개개인의 대처방법에 따라 사람과 조직을 움직이게 한다. 양쪽 모두 사람에 의해 만들어지고 있으며, 사람과 조직을 관리하고 효율적인 조직운영을 하기 위해서는 양쪽 모두의 관점이 필요하게 된다.

조직행동(Organization Behavior)이란 기업의 생산성이나 업적에 영향을 주는 개인행동, 집단행동 그리고 집단의 집합인 조직 자체의 행동을 연구하는 분야로 정의할 수 있다.

조직을 주관하는 것은 사람이라고 하는 경영자원이다. 사람으로부터 형성되는 조직에는 기업의 개성이라고 할 수 있는 조직문화가 존재한다. 조직문화는 전략과의 연관성이 강하여 때로는 기업의 사업전개를 제약하는 경우도 있다.

이와 같이 최종적으로는 HRM과 마찬가지로 OB도 기업의 핵심축인 '경영(전략)"을 충분히 의식한 운용을 하여 이에 기초한 조직구조, 조직문화, 인센티브 제도나 리더십 스타일을 구축할 필요가 있다.

제4장 '조직구조'에서는 전략적 관점에서 본 HRM의 여러 제도를 활용하는 도구로서의 조직형태에 대해서 배운다. 구체적으로는 기능별 조직, 사업부 조직, 매트릭스 조직, 컴퍼니제, 네트워크 조직, 팀형 조직 등의 조직형태가 가지는 장점과 단점에 대해서 각각 검토한다.

제5장 '조직행동과 문화'에서는 인적자원관리의 각종 제도나 프레임 워크에 있어서, 개인이나 조직의 역학관계에 대한 기초가 되는 개념과 이러한 것들을 포괄하는 조직문화와 풍토라고 하는 잘 보이지 않는 영역에 대해서 생각해 본다.

제6장 '동기부여와 인센티브'에서는 조직행동 중에 보다 구체적으로 나타나는 개인과 조직을 움직이는 동기부여에 대해서 검토하고, 동기부여를 실제로 향상시키기 위해 필요한 인센티브에 대해서 그 개념과 실례를 배운다.

제7장 '리더십과 권력'에서는 개인과 조직을 움직이기 위해 불가피한 요소에 대해서 살펴본다. 기업을 이끌어 나가는 리더십을 생각하고, 이를 위해 필요한 자질 등을 검토한다. 또한 단순히 사람에게 일을 '가르치는' 교육과 지도의 차이를 명확히 하고, 조직에서 활동하는 사람의 능력개발을 지원하는 방법을 생각해 본다.

마지막으로 지금까지 살펴본 리더십뿐 아니라 조직을 이끌어가기 위해 필요한 권력에 대해서 생각하고, 목적달성에 이르기까지 필요한 프로세스와 실행을 위한 관리법을 정리한다.

4. 조직행동과 문화

4-1 조직행동이란?

조직행동(Organization Behavior)이란 기업의 생산성이나 업적에 영향을 주는 개인행동, 집단행동, 조직 자체의 행동을 연구하는 분야로 정의할 수 있다.

조직행동론은 크게 세 가지 영역으로 구성되어 있다.
①**개인에 관한 영역**: 조직 내에서 일하는 개인의 태도나 행동이 직무만족이나 이직, 생산성 등에 미치는 영향을 다룬다. 개인의 태도나 행동이 주된 분석의 대상이 되기 때문에 산업·조직심리 등 심리학 분야로부터 많은 영향을 받으며, 개인의 인지나 모티베이션과도 깊은 관련이 있다.
②**집단(개인의 집합)에 관한 영역**: 두 가지로 분류되는데 하나는 조직 내에 있는 공식·비공식 집단과 관련된 연구로, 집단을 구성하고 있는 구성원의 만족과 집단의 생산성을 함께 올리기 위한 방법 등과 같은 분야를 다루고 있다. 다른 하나는 공식·비공식 집단이 집단 내에서 일하는 개인에게 어떠한 영향을 주는가에 관한 연구이다.

조직행동론의 체계

분류	개인행동에 관한 연구영역	집단행동에 관한 연구영역	조직의 행동에 관한 연구영역
분석수준	개인수준	집단수준	조직수준
영향을 주는 학문	●심리학	●사회학 ●사회심리학	●사회학 ●사회심리학 ●문화인류학 ●정치학
대표적인 연구테마	●개인의 생물학적 특징 ●개성 ●인지 ●학습 ●모티베이션 ●직무만족 ●의사결정 ●종업원의 선발	●그룹 다이나믹스 ●워크팀 ●리더십 ●커뮤니케이션 ●권력 ●갈등	●조직구조 ●조직설계 ●조직변동 ●조직문화 ●조직환경
호칭(주1)	Micro OB		Macro OB(주2)

(주1) 마이크로 OB와 매크로 OB를 합하여 조직과학(organizational science)라고도 한다.
(주2) 연구자에 따라서는 매크로 OB를 조직행동으로 보지 않고 조직이론(organizational theory)에 포함시키는 경향도 있다.
출처:이시다 히데오 외 공저 《MBA 인재 관리》

③조직(집단의 집합)에 관한 영역:조직구조와 조직문화가 기업의 업적에 미치는 영향에 대하여 심리학뿐만 아니라 사회학이나 정치학, 문화인류학 등의 거시적인 학문 분야의 관점에서 생각한다.

이러한 체계로 이루어진 조직행동론은 명백한 이론을 활용하여 인재가 활성화되도록 인재개발, 인재육성, 조직 내의 동기부여를 높이는 시책 등 다양한 형태로 경영현장에서 적용되고 있다.

4-2 조직행동론의 역사

조직행동론은 1920년대 후반부터 1930년대 전반에 걸쳐 행해진 호오손(Hawthorne) 연구에서 시작되었다고 한다. 호오손 연구(실험)란 미국의 Western Electric Company의 호오손 공장에서 행해진 일련의 실험을 가리킨다.

호오손 연구는 작업현장의 물리적인 환경이 노동자의 생산성에 어떤 영향을 미치는가를 연구하기 위해 시작한 조명을 사용한 실험으로, 조명의 밝기와 노동자의 생산성 사이의 관계를 연구한 실험이다. 당초에는 조명을 밝게 하면 생산성이 높아지고, 어둡게 하면 생산성이 떨어질 것으로 예상하였다. 그러나 실험 결과, 조명을 밝게 하면 분명히 생산성은 올랐지만 어둡게 해도 생산성은 떨어지지 않았다.

이 호오손 연구에서는 효율을 너무 우선시하여 노동자의 인간적인 측면을 무시하고, 노동자는 관리자가 결정하는 것만을 충실하게 따르면 된다는 과학적 관리만으로는 기업경영이 개선될 수 없다는 것을 증명한 점에서 의의가 크다고 할 수 있다.

인간의 태도나 행동, 모티베이션(동기부여), 그룹 다이나

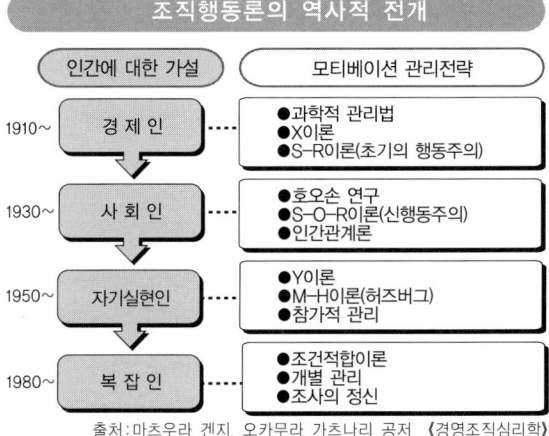

출처:마츠우라 겐지, 오카무라 가츠나리 공저 《경영조직심리학》

믹스(集團動學) 등 현재에도 조직행동론에서 다루는 중요한 주제의 대부분이 이 호오손 연구에서 발단하였다. 조직행동론이 조직 내의 인간, 집단, 조직의 행동이 생산성이나 업적에 어떤 영향을 주는가를 연구하는 분야이므로 조직에서 일하는 사람이라면 누구라도 조직행동론과 관련된 지식이 필요하며 필수적 요소가 된다.

4-3 조직문화의 형성과정과 특성

　창업자의 가치관이나 경영자의 리더십, 성공과 실패의 체험 등 조직의 역사를 반영하는 조직문화는 사시나 사훈이라는 형태로 창업자의 이념과 철학을 전달한다. 또한 이념과 철학은 회사의 경영방침을 대표하는 축으로 사람을 선발하는 경우의 기준이 되고 새로운 스태프를 채용하는 기준이 된다. 시간이 지남에 따라 이렇게 채용된 사람들은 미래의 조직과 전략적 의사결정을 담당하는 관리자가 되어 새롭게 조직에 참여하는 구성원들에게 조회나 신입사원 연수로 대표되는 의식과 교육훈련, 성공담, 상징적인 기호, 조직의 독자적인 언어 등 공식·비공식적인 과정을 통해 그 조직 특유의 행동양식을 자연스럽게 전수하여 계속적인 흐름을 만들어 나간다. 그 결과 서서히 그 조직의 독자적인 문화가 형성되고 유지, 강화된다.

　조직문화의 특성으로는 그 경직성을 들 수 있다. 이렇게 형성된 조직문화를 변화시키는 것은 그 문화가 강하면 강할수록 더욱 어려워지기 때문이다. 예를 들어 조직문화가 구성원에게 깊이 침투하면 '조직=사회'라는 편협한 세계관이 형성되어 굳어지는 경우도 있다.

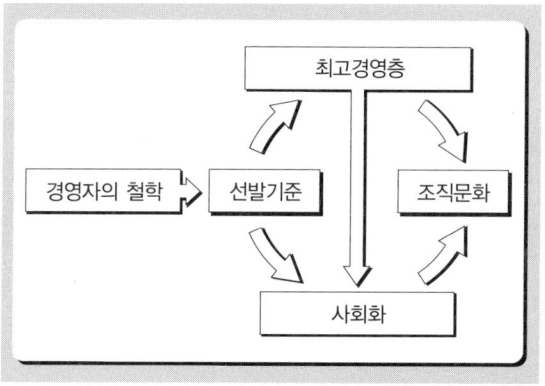

출처: S. P. Robbins 《Organizational Behavior》

 따라서 일단 형성된 조직문화에 영향을 주기 위해서는 비전과 같은 추상적인 목표와 함께 구체적인 행동지침 등을 명시하여 어떤 단계에서 어떤 행동을 해야 할지를 구성원이 파악하고 판단할 수 있는 내부적인 조직 형성이 필요하다. 이러한 내부적 조직 만들기는 조직전체로서 바람직한 행동을 했을 때 받게 되는 물리적, 심리적, 사회적 보수 및 벌칙이 작동하는 구조를 만드는 것이 중요하다.

4-4 조직개발

종업원의 능력을 개발하여 노동의 성과를 가능한 한 향상시키면 조직 전체의 업적향상으로 연결되고, 이익의 향상을 가져온다. 이러한 노동성과는 노동능력과 노동의욕에 따른 것으로 인적자원관리에서는 종업원의 사기(의욕)와 능력을 향상시켜서 성과를 더욱 높이는 것이 가능하다.

1960년대에 행동과학에 기초한 조직변혁의 방법으로서 주목되기 시작한 조직개발(Organization Development)은 조직의 효과성과 건전성을 높이기 위해 조직전체를 계획적으로 변혁시켜 나가는 것을 말한다. 조직개발의 변혁 프로세스는 다음과 같은 세 단계로 전개되고 있다(Lewin 1951:Schein 1968).

제1단계: '해동' (Unfreezing)

변혁의 동기부여를 만들어 내는 단계이다. 즉 현상적인 상태를 인식히고 새롭게 무언가 변혁을 일으킬 필요성을 인식하는 과정이다.

제2단계: '이행' (Moving)

바람직한 상태로 가기 위해 어떤 계획적인 행동을 일으키는 실천적인 단계.

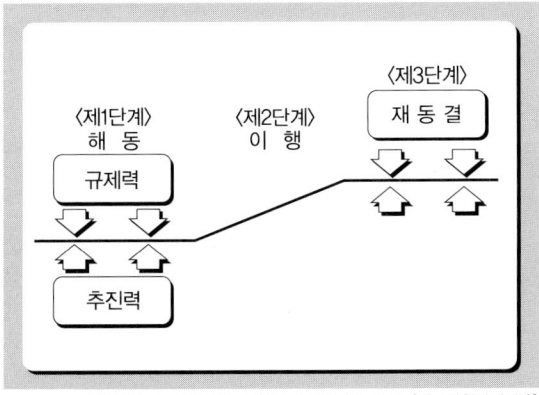

출처: 핫토리 오사무, 다니우치 야스히로 공저 《인적자원관리要論》

제3단계: '재동결' (Refreezing)

새로운 상태와 행동이 정착되도록 과정이나 구조 등을 확립해 가는 단계.

변혁을 정착하는 단계에서는 의식과 행동을 어떻게 변화시키는가가 아주 중요한 프로세스가 된다. 즉 조직개발이란 조직전체의 다양한 능력과 기능이 최대한으로 발휘되도록 조직문화와 풍토 등에 대해서 전개되는 최고경영층을 중심으로 한 조직적 규모의 계획적인 변혁과정이라고 할 수 있다.

4-5 조직IQ (Organization IQ)

조직IQ란 조직의 지능지수를 가리킨다. 또한 《Survival of the Smartest》란 책에서는 핵심의 개념이 조직IQ를 지칭한다. 정보화 사회로 일컬어지는 현대에는 대량의 정보를 빠르고 효과적이고 효율적으로 처리할 수 있는 기업의 능력이 아주 중요해진다. 조직IQ는 정보를 신속하게 처리하여 효과적인 의사결정을 하고, 그것을 실제로 실행에 옮기는 능력을 말한다.

조직IQ는 다음의 다섯 가지 측면에서 정량화할 수 있다.
(1) 외부정보의 인식
(2) 의사결정기구의 구축
(3) 내부의 지식유통
(4) 조직에서의 포커스(초점을 집중)
(5) 사업 네트워크의 활용

조직IQ가 높은 경우에는 조직의 각 부문이 외부정보를 민감하게 감지하여 유용한 정보를 의사결정에 활용할 수 있고 내부에서 서로 공유할 수 있다. 더욱이 업무의 범위를 한정하고, 조직 구조와 프로세스를 간소화하여 정보의

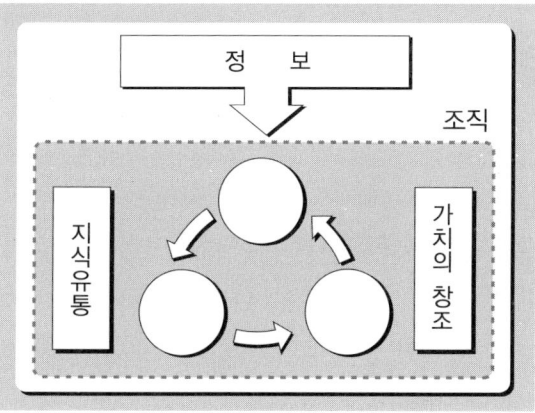

과다와 조직의 복잡화를 방지하며 정말 필요하고 유용한 정보를 선별할 수 있다. 동시에 자사를 네트워크의 일부분으로 자리매김하여 정말 유용한 정보를 자사만이 아니라 사업 네트워크에 연결하여 부가가치를 창조한다. 이러한 것들이 신속하고 효율적인 조직IQ를 규정하게 된다.

또한 조직IQ는 정량화가 가능하기 때문에 데이터베이스화하여 사내 사업부간에 공유할 수 있고 경쟁타사 등을 시계열로 벤치마크하는 것도 가능하다.

5. 조직구조

5-1 기능별 조직

 기업의 조직도에는 '직원의 의욕을 높이려면 어떻게 동기를 부여해야 할까', '직무영역을 어떻게 설정할까', '조직 내의 누가 무엇에 관해 결정권한을 갖는가' 등의 중요한 문제에 관한 결정사항이 반영되어 있다. 또한 조직 형태를 기획하려면 경영환경, 성장단계, 조직문화 등도 고려해야 한다. 이제부터는 이런 요인들을 검토한 결과를 바탕으로 조직의 세 가지 형태에 대해 설명한다.

【기능별 조직】

 기능별 조직에서는 연구원은 개발부문, 영업맨은 판매부문 등과 같이 기능별로 동일부문에 모이게 된다. 기능별 조직에는 같은 업무를 담당하는 직원이 한 조직에 집결하기 때문에 기술이나 지식을 전달하고 공유하기 쉬워서 전문성을 높이고 효율성을 추구할 수 있다는 장점이 있다.

 그러나 조직의 권한이나 책임이 한정되어 있어 전문적인 관점으로 편향되는 경향이 있다. 그래서 회사 전체의

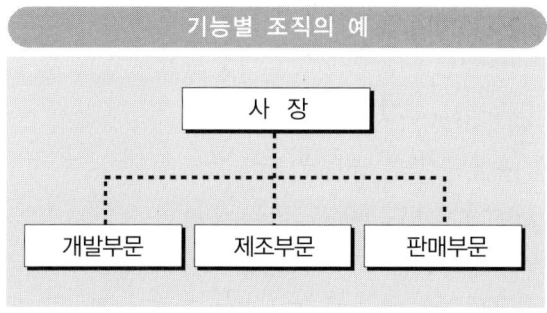

이익 최대화보다 각 조직의 이익 최대화를 추구하는 경향이 있어 폭넓은 지식을 가진 관리자를 육성하기 어렵고, 조직간의 분쟁이 발생하기 쉬운 단점이 있다. 그 결과 최종적인 의사결정이 최고경영층에 집중되는 경우가 많고 각 부서의 의견을 조정하는 데 많은 노력이 들고, 결정을 내리는 데 시간이 오래 걸리는 사태가 발생한다. 또한 일반적으로 기능별 조직에서는 의사결정의 관여, 책임의 소재 등이 불분명하기 때문에 사업형태가 단순하고 제품의 종류가 적은 경우에 효과적이라고 할 수 있다.

5-2 사업부 조직

기업의 규모가 커지면 본사가 모든 사업에 대한 의사결정을 내리는 형태는 비효율적이기 때문에 조직을 몇 개의 사업부로 나누어 권한을 위양해서 운영한다. 사업부제란 이와 같이 사업별로 편성된 조직(사업부)이 본사 아래에 배치된 조직형태를 말한다.

사업부 조직은 조직이 창출하는 성과에 초점을 맞춘 조직 형태로 제품, 시장, 고객, 지리적 입지 등을 기준으로 결정한다. 이 조직 형태에서는 분권화로 인해 사업부를 총괄하는 사업부장급에서 대부분의 경영판단을 하기 때문에 의사결정이 신속해진다.

동시에 관리직이 빠른 시간 안에 폭넓게 의사결정에 참여할 수 있기 때문에 관리기술을 효율적으로 흡수할 수 있어 사업부 사이의 경쟁도 활발해진다.

게다가 사업부 조직은 분권화되어 있어 책임소재가 명확하므로 문제해결을 위한 행동을 민첩하게 취할 수 있다는 장점이 있다.

한편 실제로 사업부제를 채택할 때는 다음 사항을 반드시 검토해야 한다.

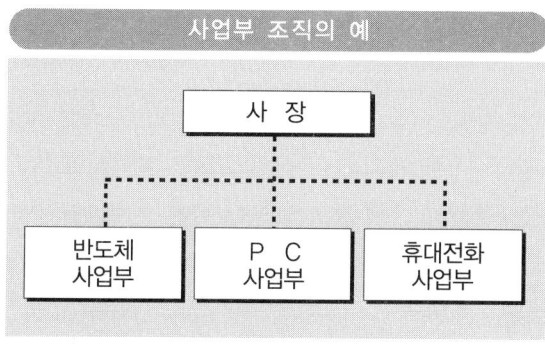

①어떤 기준으로 사업을 편성할 것인가(상품별, 지역별, 고객별 등)?

②각 사업부의 의사결정과 전사 전략의 정합성을 어떻게 유지할 것인가(경영자원의 편중과 사업부간의 협조 결여 등의 문제점을 어떻게 해결할 것인가)?

한편 사업부제의 문제점으로는 ①각 사업부의 경영기능이 중복되기 때문에 경영자원 면에서 낭비가 발생한다 ②조직 사이에 벽이 생겨 사업부를 망라한 신상품, 새로운 서비스가 만들어지기 어렵다 ③단기적인 이익을 지향하게 되어 중장기적인 시책을 펴기가 힘들다는 점이 지적되고 있다.

5-3 사업부제 조직의 장점 (사례)

앞서 설명한 대로 사업부제의 장점은 조직 구분의 기준이 제품별, 지역별 등 독자성이 강한 자기완결형이라는 것, 즉 생산이나 시장을 부문화시켜서 조직단위로 할 수 있다는 것이다. 다시 말하면 하나의 사업부 내에서 업무 프로세스가 자체적으로 완결되고 있는 것이다. 또한 경영단위로서 스스로 이익을 창출하는 이익센터가 되어 사업부제는 '기업내의 기업'의 형태로 동기를 부여하는 요인이 된다. 이것은 관리자에게 자신의 제품 등에 대해서 이익책임을 실현하기 위한 포괄적인 재량권이 있기 때문에 관리자가 자주성을 갖게 된다.

이러한 사업부제를 채택하고 있는 기업은 식품, 자동차, 전기 등 여러 제품을 취급하는 대규모 기업인 것이 특징이다. 다각화를 추진하고 있는 기업에서는 사업부의 수가 많아지기 때문에 사업그룹제를 도입하는 경우도 많다. 예컨대 오디오 & 비쥬얼 사업부라고 하면 음, 영상 등 입구에서 출구까지의 제품을 한 그룹으로 유사사업부를 집합시키는 것이다.

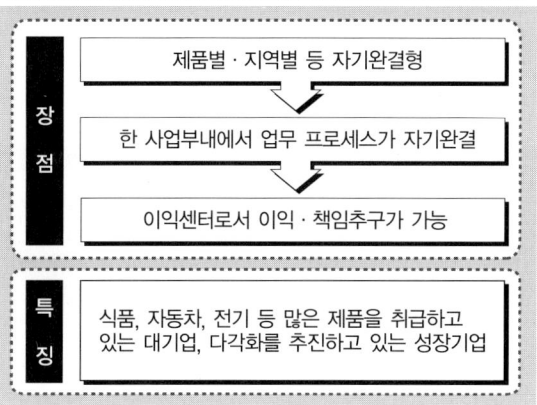

그룹제를 도입함으로써 사업전략상 지금까지의 사업부에서의 거래가 독립기업간 거래와 마찬가지로 교섭이 가능하다는 점과 부품의 외부구입 등 비용 측면에서 커다란 장점이 생기게 된다.

5-4 사업부제와 사업본부제

사업부제 조직이 가진 장점 이외에 단점에 대해서도 간단히 살펴보자.

예를 들면, 권한이 대폭적으로 각 사업부에 위임되었기 때문에 본부의 방침에 대한 충성도가 떨어지고 본부로서도 사업부의 구체적 상황이나 행동에 대해서 눈길이 미치지 않는 경우가 있다. 또한 기간적인 이익책임이 요구되기 때문에 단기적으로 업적을 올리는데 전념하기 쉬워 장기적 관점에서 판단하지 못하는 경우도 있다. 더욱이 인사교류가 잘 이루어지지 않기 때문에 사업부내에서만 이동하는 경직성을 낳기 쉽게 된다. 각 사업부에서 독립채산제에 대응한 조직화가 진행되고 있기 때문에 각 사업부마다 비슷한 직능이 만들어져 조직 전체로서는 중복이 되는 비효율이 나타나기도 한다.

이러한 것들을 완화하는 대응책으로서 분권화가 진전된 사업부제 조직에 대해서 '사업본부제'라는 조직의 도입을 들 수 있다. 이 사업본부는 복수의 사업부를 총괄할 뿐만 아니라 사업과 관련한 R&D(연구·개발)를 사업본부 산하에 두어 사업부간의 고객 쟁탈, 신제품의 중복이나 쟁탈전,

사업부제와 사업본부제

단점
① 권한이 각 사업부에 분권되어 있어 본부의 방침에 대한 충성심이 저하
② 이익책임이 요구되기 때문에 단기적인 업에 집중하기 쉬움
③ 인사교류가 줄어들어 조직전체의 경직화가 진전
④ 각 사업부에서 인사 등 동일 기능을 갖기 때문에 중복으로 인한 경영의 비효율

사업본부제

대책
- 복수의 사업부를 총괄하며 사업과 관련된 R&D를 사업본부에 두는 등 사업부문에서의 경쟁이나 중복, R&D 투자의 중복을 피할 수 있다
- ROI와는 별도로 조직전체의 관점에서 관할 사업부간의 분업 조정을 실시(집권적인 통제에 의해 불필요한 사업부간의 경쟁을 피할 수 있다)

R&D의 투자 중복을 회피할 수 있게 된다. 사업본부장은 ROI(투자이익률) 기준과는 별도로 조직 전체의 관점에서 관할 사업부간의 업무조정을 한다. 이에 따라 사업본부 내의 사업부는 ROI 기준만으로 운영되는 경우보다 중앙집권적으로 통제된다. 이러한 중앙집권적인 통제로 본부 내의 사업부간에 불필요한 경쟁을 피할 수 있게 된다.

5-5 사업부제 조직과 분권화 조직

사업부제의 장점을 되돌아 보면, 예산배분을 둘러싼 사업부간의 경쟁촉진을 들 수 있다. 즉 ROI 기준에 따라 최고경영층은 각 사업부에 예산을 배분하기 때문에 필연적으로 사업부간 예산의 획득을 위한 경쟁원리가 작동하여 각 사업부는 채산성이 높은 사업을 계획하게 된다.

또한 분권화가 진전된 사업부제 조직에서는 지속적으로 업적을 올리고 있는 사업부를 분사화하고 그 주식을 공개할 수도 있다. 혹은 신규시장에 진입하기 위해 산하에 별도의 회사를 둘 수도 있고 업적이 나지 않는 사업부를 매각하는 것도 용이해진다.

분권화가 진전된 사업부제 조직에서는 각 사업부의 독립성이 높아짐에 따라 본사는 마치 신탁은행처럼 금융면에서 사업부를 통제하게 된다. 이것이 진화한 형태가 소위 '지주회사' 이다. 이러한 금융기관적인 특징을 강조하게 되면 ROI에 구애받게 되고 장기적인 시야에서 일을 전개할 수 없는 단점이 있다. 미래의 비전보다 눈앞의 이익을 우선시하게 되는 것이다. 이러한 경향은 사업부로 권한이 위양되고 사업부의 수가 증가함에 따라 더욱 현저하게 나

분권화가 진전된 사업부제 조직의 사례

1 지속적으로 업적을 내고 있는 사업부를 분사화하고 주식을 공개

2 신규시장에 진입하기 위해 산하에 별도의 회사를 둔다

3 업적을 내지 못하는 사업부를 매각

⬇

이러한 요소들이 진전되어 '지주회사' 화 된다

타난다. 또한 분권화가 진전된 사업부제 조직의 단점으로서 각 사업부의 독립성이 높아지는 것과 더불어 사업부간 조직의 연계나 커뮤니케이션이 어렵게 되는 경향을 들 수 있다. 예컨대 어떤 사업부에서 개발된 R&D의 성과를 타 사업부가 이용하고 싶어도 할 수 없는 경우가 실제로 발생하기도 한다.

5-6 컴퍼니제 (Company System)

 기업조직의 새로운 사고방식으로 사업본부제를 개혁하는 경우에 제기되는 것이 컴퍼니제다. 사업부제를 독립회사로 취급하는 '유사회사제'로, 사업부제와 비교하면 독립성이 높고 사업성과가 명확하며, 책임도 커지는 고도의 사내 분화제도다. 유사 자본금이 배분되어 일정한 기준으로 손익계산서, 대차대조표를 작성하고 회계상 완전히 독립된 사업체로 관리한다. 컴퍼니제는 사업규모나 경영의 독립성은 종래의 사업부보다 크게 설정되기 때문에 의사결정과 실시가 신속하고 조직의 활성화와 사업의 '이익'을 의식한 경영을 지향할 수 있다.

 본사측에서도 경영 시스템의 간소화, 미래 경영자의 육성, 경영자원의 효율적인 배분 등의 장점을 기대할 수 있다. 또한 사업손익을 명확히하여 사업의 매각이나 M&A 등에 의한 사업구조의 변혁을 가져올 수 있는 장점이 있어서 전략적으로 컴퍼니제를 시행하는 회사도 늘고 있다.

 또한 이 컴퍼니제를 더욱 발전시키기 위해 활용되는 제도로 트래킹 스톡(Tracking Stock, 사업부문주)이 있다. 기업 통합·재편의 수단으로 활용되는 트래킹 스톡은 특정부문이

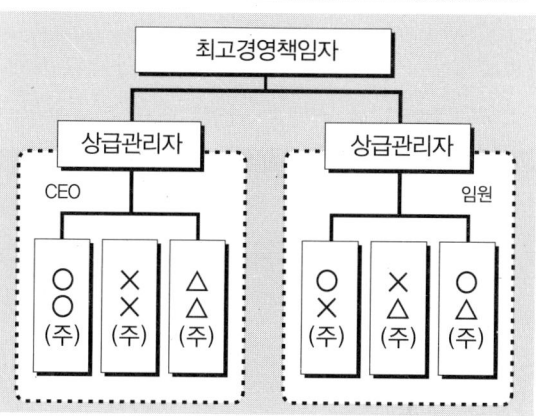

나 자회사의 업적과 연동된 주식을 말한다. 장점은 매몰된 자회사의 가치를 현재화시키는 것에 있다. 2002년 현재 미국에서는 40건 정도의 사례가 있는 정도로 아직은 그 실효성이 의문시 되고 있다.

5-7 컴퍼니제 도입 사례

컴퍼니제 조직은 1994년에 소니가 도입한 조직체제이다. 소니는 1983년에 채택한 사업부제 조직이 너무 세분화되어 시장동향을 제대로 파악하지 못하고 상품개발력의 약화를 초래하였다. 이를 막기 위해서 시장별로 사업단위를 몇 개의 '컴퍼니'로 재편하였다. 이 컴퍼니제는 사업부제 조직과 마찬가지로 집권과 분권의 사이에 있는 것이다. 분권화에 의해 조직의 울타리가 생기는 것과 그것을 회피하기 위한 집권화, 또 집권화에 의해 의사결정이 지연되는 것과 이에 대응하기 위한 분권화, 이 두가지 서로 다른 벡터사이에서 사업부제 조직의 설계가 결정된다.

속도와 효율경영을 목적으로 하는 어느 대규모 광학제조업체는 최근 급속하게 변모하는 네트워크 사회에서 고객 니즈에 빠르게 대응할 수 있도록 사업부문을 재편하여 사내 컴퍼니제를 도입하였다. 본사, 연구개발부문을 '기업센터', '연구개발센터' 등 두 개의 센터로, 그리고 종래의 다섯 개 사업부를 고객관점으로 시장세분화된 '영상시스템 컴퍼니', '의료시스템 컴퍼니', '산업시스템 컴퍼니' 등 세 개의 컴퍼니로 재편하였다. 각각의 컴퍼니는 기존

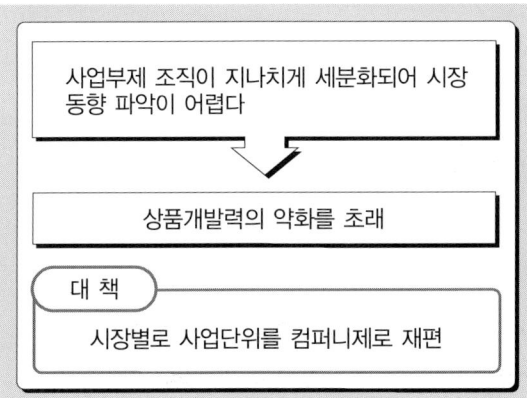

사업에서 계속적으로 수익을 올림과 동시에 시장 니즈에 착안하여 시너지효과를 높일 수 있도록 신규사업창출을 목적으로 속도와 효율을 추구하는 자주자립경영을 강화하고 있다.

5-8 매트릭스 조직

 기능별 조직, 제품별 조직 등 서로 다른 조직형태의 장점을 동시에 달성할 수 있도록 복수의 조직형태를 조합한 것이 매트릭스 조직이다.

【여러가지 목적을 추구하는 조직】

 매트릭스 조직은 여러 가지 목표를 동시에 추구하기 위해 고안해 낸 조직형태를 말한다. 기능과 제품의 두 축으로 형성된 매트릭스 조직이라면 기능별 조직의 장점인 전문성 향상과 축적 그리고 제품별 조직의 장점인 환경과 고객에 대한 민첩한 대응을 동시에 달성할 수 있다.

 하지만 간접비의 증대, 이원적 명령계통에 따른 혼란과 관리자 사이의 권력분쟁 격화 등의 어려운 문제들이 내재되어 있어 안이하게 이 구조를 선택하는 것은 비효율적인 위험성도 있다.

【매트릭스 조직의 응용】

 하지만 이런 문제점을 극복하기 위한 대처법도 속속 나오고 있다. 현실적으로는 책임과 권한이 완전히 같은 두

매트릭스 조직

```
                    본사
        ┌───────────┼───────────┐
      개발         제조         판매
제품A   ○           ○           ○
제품B   ○           ○           ○
제품C   ○           ○           ○
```

명의 상사가 있는 순수한 매트릭스형 조직이 아니라 어느 한 쪽의 상사에게 더 많은 책임과 권한을 부여하는 조직형태가 그것이다. 예를 들면 기능별 조직을 바탕으로 하면서도 제품을 담당하는 관리자에게 각 기능 사이를 조정하게 하는 형태나 제품별 조직을 기초로 하면서 기능별 조정자에게 제품간의 조정을 겸하게 하는 형태 등이 있다.

5-9   유연성 있는 조직형태

【횡단적 조직(lateral organization)】

매트릭스 조직에서 볼 수 있듯이 일반적인 종적 상하관계의 권한라인(직능부문 조직·사업부제 조직)과 교차하는 형태로 횡적 관계의 정보전달 채널을 내장한 조직형태를 횡단적 조직이라고 하며, 완전한 매트릭스 조직은 아니지만 매트릭스 문화나 행동을 유도하는 방법으로 운영되기도 한다.

① 프로젝트 팀(Project Team)
② 태스크 포스(Task Force)
③ SBU(Strategic Business Unit)

프로젝트 팀이나 태스크 포스는 문제발생과 동시에 편성되어 문제해결과 동시에 없어지는 일시적 조직이다. 전략적 사업단위(Strategic Business Unit)도 기존의 사업부문을 전략축으로 새롭게 그룹화한 것으로 어떤 중요한 개별 프로젝트마다 구성원이 조직횡단적으로 구성되어 목적달성과 함께 소멸되는 조직이다. 매트릭스 조직과 마찬가지로 부하가 2명의 상사를 두기 때문에 Two Boss System이라고도 한다. 두 명의 상사를 두는 것은 책임과 권한의 불명

유연성 있는 조직형태

① 프로젝트 팀 (Project Team)

② 태스크 포스 (Task Force)

③ SBU : 전략적 사업단위 (Strategic Business Unit)

확성을 초래하는 경우가 많으므로 직무마다 명확한 권한 규정을 두는 것이 이러한 횡단적 조직형태를 원활히 운영하는 중요한 포인트가 된다.

5-10 네트워크 조직

네트워크 조직이란 자주성이 큰 조직단위가 상호 완만하게 연결된 비계층적이고 자기조직적인 조직형태를 말한다. 네트워크 조직은 자립성, 자주성이 커서 재편성을 쉽게 할 수 있기 때문에 환경변화에 유연하게 대응할 수 있다.

네트워크는 지금까지의 관료적 조직이나 시장기구를 대신하는 제3의 사회편성원리가 되어, 현대 산업사회의 진행방향에 가장 적합한 조직의 하나라고 평가되고 있다. 네트워크형 조직은 인터넷이나 소프트웨어, 인적 서비스망이 다양한 형태로 연결된 정보통신 네트워크를 배경으로 정보기술(IT)을 이용한 정보의 창조·개발과 교류에 목적을 둔 완만한 제휴관계를 말한다. 이 제휴관계는 국가와 업종, 기업규모, 업무, 기술을 초월하여 기업간, 부문간, 집단이나 개인간에 구축될 수 있다.

완만한 제휴관계 속에 이질적인 정보를 결합하여 의미 있는 정보를 창조·개발하는 장을 만들고, 다양한 혁신과 정보·데이터 베이스의 활용을 통해서 다른 업종, 다른 분야의 벽을 뛰어 넘어 참여가 가능하도록 할 수 있다.

인터넷을 통한 네트워크형의 버츄얼 코퍼레이션(Vertual

네트워크 조직

A 사   B 사

Corporation)이라는 컨셉도 가능해져, 시대적 요청과 함께 새로운 국면을 맞이하고 있다.

5-11 팀형 조직 (Team-Type Organization)

 소수의 팀을 조직의 기본단위로 한 조직형태를 팀형 조직이라고 한다. 팀형 조직은 관료적인 피라미드형 조직에서 전환되어 IT화와 함께 진전되어 왔다. 플랫(flat) 형이나 횡적 제휴를 중시하는 네트워크형 시스템의 경향이 있어 권한의 분권화 · 정보의 현장분산화를 지향하는 성격이 강하다.

 또한 타부문, 타기능 담당자의 혼성팀으로 구성되는 경우가 많은데 관리자는 구성원의 능력을 끌어내고, 의욕을 높이는 코치 역할에 충실하고 자주 · 자립적 풍토가 보여진다. 더욱이 고객만족(CS)뿐 아니라 종업원만족(ES)을 중시하는 조직운영이 되고 있다.

 구체적인 팀형 조직의 하나가 기능횡단팀(Cross-Functional Team)으로 태스크 포스나 SBU와 같이 개발 · 제조 · 판매 · 유통 · 재무 등 기능이 다른 부문의 구성원이 하나의 팀을 구성하여 단기간에 신제품의 개발 등을 담당한다. 또 다른 하나는 자주관리팀(Self-Directed Team)이다. 권한이 무한정 위양된 팀으로 현장의 팀이 공장의 조업계획까지 결정할 수 있다. 일본에서도 IT화의 진전과 더불어 피라미드

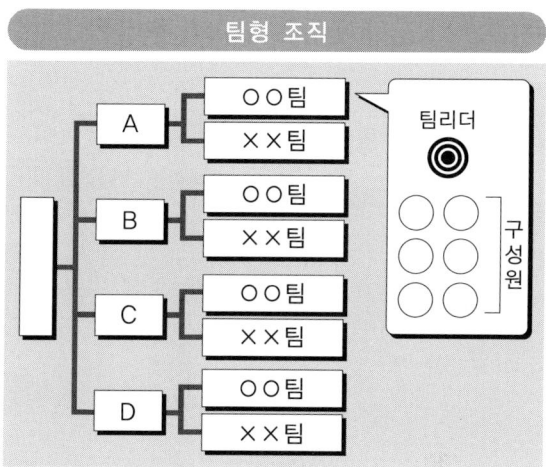

형에서 플랫형, 팀형으로 이행하고 있다.

6. 동기부여와 인센티브

6-1 동기부여란?

일상의 업무를 하는 사람들에는 흥미를 가지고 업무를 하고 있는 사람이나 업적, 성과를 올리고 있는 사람이 있는 반면, 매일 우울하게 업무를 하고 있는 사람, 재미없는 일을 하고 있는 사람, 성과가 오르지 않는 악순환에 빠져 있는 사람 등 다양한 형태가 있다. 이런 것을 해명하는 단서가 되는 것이 심리학에서 말하는 동기(Motivation)라는 개념이다.

조직에서 인간의 행동에는 동기부여가 중요한 역할을 하고 있다. 예컨대 업무를 하는 데는 그 업무를 하는데 필요한 '능력'이 없으면 달성할 수 없지만 그에 수반되어 사기, 의욕, 동기부여로 발동되는 '강한 힘'이 없으면 실제로 '업적'이나 '성과'를 올릴 수 없다. 높은 업적이나 성과(Performance)는 이러한 '능력'과 '동기부여'라는 두 변수의 상호작용에 따라 발생한다. 동기부여는 그때 그때 상황이나 환경에 따라 변하는 변동요인이다. 높은 업적을 실현하기 위해서는 안정적인 동기부여를 보유, 유지, 지속하는

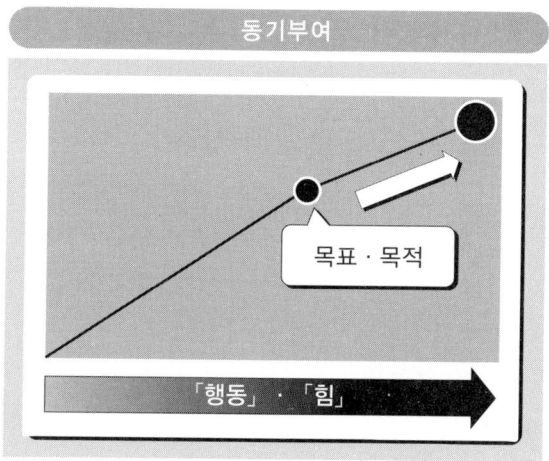

것이 중요하다.

사기, 의욕, 동기부여가 발동되기 위해서는 '목표'나 '목적'이라는 무엇인가 방향을 제시하는(예를 들어 '점'을 찍는다) 것이 필요하다. 이 '점'을 향한(예를 들어 '선'을 긋는다) 강한 '힘' 혹은 행동의 에너지는 '기대'와 '욕구'에 의해 활성화된다. 이 에너지가 향하는 대상이 '목표'나 '목적'이 된다. 동기부여란 이 '목표'나 '목적'이 있기 때문에 그것이 달성될 때까지 행동을 지속해 나가는 것이 가능한 '원천'이 되는 것이다.

6-2 동기부여이론 (내용이론 : 매슬로우)

【「욕구」와「기대」에 대하여】

　인간뿐 아니라 모든 생물은 스스로 생명을 유지하고 생활해 나가면서 보다 쾌적하게 살아가는 것을 원한다. 살아가는 중에 불쾌하고 불만족스런 상태가 있을 때에는 그것을 해소하기 위한 행동으로 '동기부여'가 강하게 발동되어 구체적인 행동을 유발하게 된다. 이처럼 쾌적한 생활, 만족스러운 상태로 나아가려는 행동을 환기시키는 원천을 '욕구'라고 한다. 즉 동기부여를 일으키기 위한 구체적인 방향을 나타내는 것을 '목표'라고 하며, '욕구'는 행동을 강력히 환기시키는 '힘'이 된다.

　욕구의 종류를 구분하면 생명을 유지하게 하는 '생리적 욕구'와 사회적 지위나 명예와 같이 생명과는 직접 관련이 없는 사회적 행동 속에서 생겨나는 '사회적 욕구'가 있다. 매슬로우에 따르면 인간은 다양한 욕구를 가지고 있고 욕구는 계층구조를 이루고 있다고 한다. 이런 욕구 계층을 '매슬로우의 욕구단계설'로 설명하고 있다. 기업이라는 환경에 기초하고 있는 것이 아니라 순수하게 인간의 심리에 대해서 분석한 것이다.

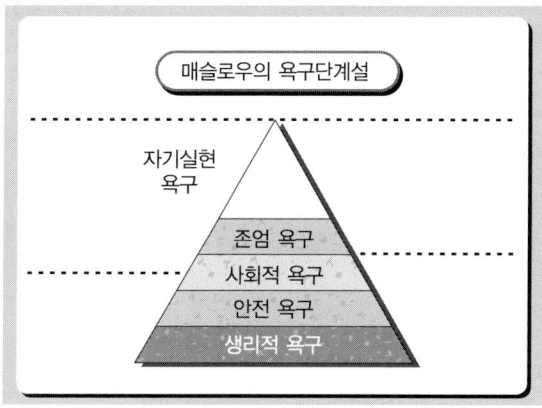

인간이 가진 욕구는 다섯 가지로 그룹화될 뿐만 아니라 단계적으로 볼 수 있다. 가장 저차원의 욕구는 생리적 욕구이고 이보다 고차원의 요구로 안전성의 욕구, 다음 단계의 요구로서 사회적 욕구인 귀속과 애정의 욕구, 가장 고차원의 요구는 자기실현의 욕구라고 설명한다.

6-3 동기부여이론 (내용이론 : 허츠버그)

매슬로우와 마찬가지로 허츠버그도 사람의 행동의 동인이 되는 요인에 대해서 다양한 실험을 하였다. 그 결과 행동의 동인 혹은 그 행동의 저해요인에는 두 종류가 있다고 설명하고 있다. 즉 사람이 행동하게 하는 동기에 크게 영향을 주는 두 가지 요인의 본질은 '불만'과 '만족'인 것이다.

예를 들어 어떤 식품제조업체가 기준치를 넘는 농약을 함유한 야채를 판매하고 있는 경우를 상정해 보자. 우리 소비자들은 당연히 불만을 넘어서 큰 분노를 느낄 것이다. 그런데 이 상황을 시정하여 허가된 범위 내의 농약함유량의 야채를 제공하였다 해도 우리들은 종전보다 높은 만족감을 느끼지는 않는다. 농약함유량을 허가량 이내로 유지하는 것이 당연하기 때문이다.

한편 맛과 가격이 같으면서 농약 함유량도 일정량 이내로 같지만 반대로 비타민과 미네랄이 일반적인 경우보다 5배 정도 많은 유기농 야채를 제공하는 업체의 경우는 어떨까? 우리 소비자는 통상적으로 기대하는 야채와 비교하여 '보다 좋은 성분의 유기농 야채'에 만족감을 느낀다. 당연히 이런 만족감을 얻기 위해 여러 백화점이나 슈퍼를

매슬로우와 허츠버그의 동기부여이론 비교

매슬로우 욕구단계설	허츠버그의 동기부여-위생이론
① 자기실현 욕구	**동기부여 요인** (충족되면 만족)
② 존엄 욕구	비타민·미네랄이 5배 (영양이 있다)
③ 사회적 욕구	**위생요인** (충족되지 않으면 불만)
④ 안전 욕구	농약함유량이 기준치를 초과 (몸에 해롭다)
⑤ 생리적 욕구	

찾아다니는 사람도 있다.

전자의 조건을 '위생요인(환경요인)'이라고 하며, 후자를 '동기부여요인(의욕요인)'이라고 한다. '동기부여요인'은 '행동의 동인'이 되고 '위생요인'은 조건을 개선시켜도 충분한 '행동의 동인'은 되지 못한다. 반대로 위생요인의 조건이 일정수준 이하로 떨어지면 행동의 저해요인이 된다.

6-4 동기부여이론의 체계

계획과 현상 사이에 상당한 괴리가 발생한 경우, 리더는 어떠한 행동을 취해야 하는가? 목표를 달성하기 위해서 매일 노력하고 있는 구성원들에게 목표 실현을 위한 지원을 하는 것도 중요한 동기부여 요소이다.

조직에서 일에 대한 동기부여의 문제는 목표나 목적 달성에 공헌하고자 하는 구성원들의 의식적인 행동에 대한 동기부여, 즉 일에 대한 사기·의욕을 높이기 위한 관리행동이 중요하게 된다. 이처럼 일에 대한 의욕을 높이는 방법은 넓은 의미의 '보수'를 제공하는 것이다. 이 보수는 내적 보수와 외적 보수로 나누어진다. 내적 보수는 일의 달성감이나 일에 의한 자기성장감 등 '일 자체가 가져오는 보수'이고, 외적 보수는 급여나 승진, 인간관계, 조직이념 등을 말한다.

동기부여 이론에는 행동의 결과로서 얻어지는 성과에 대해 어떠한 동인이 어느정도 영향을 미치고 있는가에 주목한 동기부여의 내용이론과, 인간행동의 인지적·합리적 측면을 보다 중시하고 조직 구성원의 행동의욕이 어떻게 생겨났는가를 해명하는 것을 목표로 하는 동기부여의

동기부여이론

❶ 내용이론 — 동기부여의「내용」을 고찰

- 매슬로우 (욕구단계설)
- 허츠버그 (동기부여-위생이론)

❷ 과정이론 — 동기부여의「과정」을 고찰

- 브룸 (기대이론…전)
- 포터와 로울러 (기대이론…후)
- 아담스 (공평이론)

과정이론이 있다. 전자에는 매슬로우(A.H. Maslow)의 욕구단계설, 허츠버그(F. Herzberg)의 동기부여-위생이론 등이 있고, 후자에는 브룸(V.H. Vroom)이나 포터와 로울러(L.W. Porter, E.E. Lawler Ⅲ)의 기대이론, 아담스(J.S. Adams) 등의 공평이론이 있다.

6-5 동기부여이론 (과정이론 : 브룸)

조직문화와 자사의 사업형태에 맞는 조직형태만으로는 조직을 구성하는 개인을 움직일 수 없다. 개인을 움직이려면 우선 조직의 목표와 개인의 목표를 일치시켜야 한다.

앞에서 설명한 대로 동기부여이론은 '동기부여의 내용'에 대해서 고찰하는 내용이론과 '동기부여의 프로세스'를 중시하는 과정이론으로 나누어진다. 내용이론으로 유명한 것이 매슬로우의 욕구단계설이다. 한편 왜 욕구가 발생하고 어떤 프로세스로 작동하는가를 설명하는 것이 동기부여의 과정이론으로 대표적인 것이 브룸 등에 의한 기대이론이다.

브룸(V.H. Vroom, 1964)은 동기부여를 일으키는 요인으로서 '기대', '유의성(valence)', '도구성(instrumentality)' 등 세 가지를 생각하였다. '기대'란 특정의 행위가 특정의 결과를 초래할 것이라고 생각하는 것으로, 노력으로 좋은 결과를 얻을 수 있다고 예상하는 것이다. '유의성'이란 목표로 하는 대상이 가진 매력의 정도를 의미한다. 마지막으로 '도구성'이란 좋은 결과를 달성하면 바람직한 보상이 주어지리라고 믿는 정도를 말한다. 이런 가능성이 높은 경우는

> **브룸의 과정이론**
>
> $$F = E \times \Sigma (I \times V)$$
>
> F = 행위에 대한 힘　E = 기대
> I = 도구성　　　　　V = 유의성
>
> (I×V)는 총합계(Σ)로 표시

도구성이 높다고 할 수 있다. 어떤 대상의 유의성은 그 대상이 가진 도구성의 정도에 따라 결정된다고 할 수 있다. 브룸은 어떤 행위에 대한 동기부여의 강도를 세 가지 요인의 곱으로, 즉 $F=E \times \Sigma(I \times V)$로 표시하고 있다(F:행위에 대한 힘, E:기대, I:도구성, V:유의성).

6-6 동기부여이론 (과정이론 : 포터와 로울러)

　매슬로우로 대표되는 '동기부여의 내용'에 관해 연구하는 내용이론과 비교하여 '동기부여의 프로세스'를 중시하여 왜 욕구가 생기고 어떤 과정으로 행동하는가를 설명한 것이 브룸의 이론이다. 그렇지만 결과가 어떻게 해서 유의성을 얻게 되는지 그 매카니즘이 설명되지 않는 점과 그것이 노력을 통해서 얻어지는 결과인가 아니면 어떠한 결과로 연결된다고 기대되는 행위인가가 명확하지 않다는 지적이 있다. 이러한 내용에 대해서 새로운 모델을 연구하고 수정한 것이 포터와 로울러의 이론이다.

【포터와 로울러의 기대이론】

　기대이론에서는 '동기부여=기대(가능성)×유의성(욕구의 강도)'의 공식으로 표시된다. 예를 들어 하버드에서 MBA를 취득하고 싶다는 강한 욕구가 있다(유의성이 높다)고 하더라도 시도해도 절대 안된다고 믿고 있으면 기대(가능성)는 제로가 되기 때문에 이러한 행동은 하지 않게 된다. 또한 아주 확실하게 하버드 로스쿨의 입학허가서를 받을 수 있다(기대가 높다)고 하더라도 바라고 있는 대상이 아니면 유의

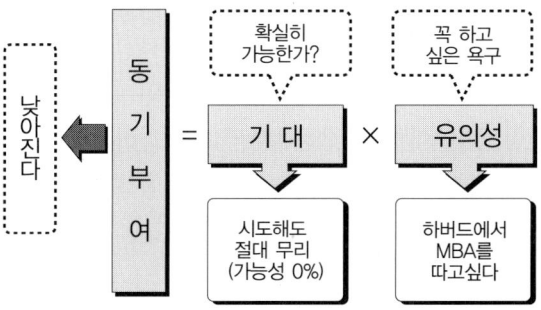

성이 아주 낮기 때문에 실제로 공부하려는 동기부여는 생기지 않는다.

실제로 기업 내에서 회사는 역할, 승진, 휴가, 동료, 자기실현 등 종업원이 높은 유의성을 느끼고 있는 것과 역할 수행능력을 결부시켜서 사기를 높이고 있다.

6-7 동기부여 향상과 질·서비스 향상의 선순환

전술한 대로 '목표'에 대한 '욕구', '기대'에 기초한 행동의 힘에 의해 동기부여(사기, 의욕)가 일어나며, '사기'가 높으면 업무의 '질'이나 '서비스'가 높아지는데 이것이 '선순환' 효과로 연결되는 것이다.

동기부여(사기)가 높으면 '질'이나 '서비스'가 좋아지고 그 효과로서 직무의 '생산성 향상'과 '효율화'가 이어지고 조직전체의 업적(성과)으로 이어지게 된다. 이것은 최종적으로 '사원(종업원) 만족'이나 '고객만족'으로 이어진다. 고객만족을 높임에 따라 더욱더 '사기'가 향상되는 '선순환 사이클'이 완성된다. 두말 할 필요도 없이 '사기'가 낮으면 직무의 '질', '서비스'는 높아질 수 없고 생산성도 떨어져 효율도 오를 수 없다. 조직전체의 업적(성과) 저하는 고객만족도에 반영된다. 즉 전체적인 업적(성과)의 향상을 실현시키기 위해서 개개인의 '동기부여'가 높아지지 않으면 전체의 업적 향상도 있을 수 없게 된다. 개개인의 동기부여가 높아지면 업무의 '질'이나 '서비스'가 향상되고 결과적으로 조직전체의 업적과 성과로 이어지고 고객만족, 고객충성도를 높일 수 있게 된다.

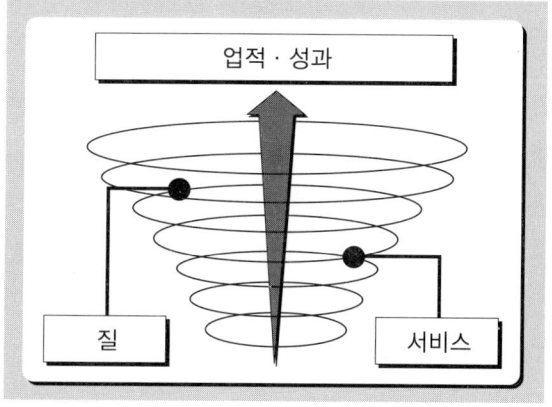

 한편 같은 직장의 '고객'(상사, 부하, 다른 부서 등)을 만족시키는 것도 조직전체의 '질'과 '서비스'를 향상시키고 결과적으로 고객에 대한 서비스를 높일 수 있게 되므로 고객의 충성도를 높일 수 있다.

6-8 개인과 조직활성화

종업원 능력의 20%에서 90%는 동기부여에 의해 좌우된다고 한다. 인적자원을 유효하게 활용하는 데는 종업원이 가지고 있는 능력을 최대한 발휘할 수 있는 상황을 만드는 것과 가능성이 있는 능력을 개발하는 것이 필요하며, 이를 위한 조직의 관리가 HRM(인적자원관리)이라고 할 수 있다. 이것을 통해 개인을 활기있게 하는 것이야 말로 조직을 활성화시키는 것이 된다.

조직은 경영환경에 적응하면서 여러 활동을 해 나간다. 그 기준이 되는 것이 경영이념이고, 그 안에 '개인의 활용', '개인의 존중' 등의 사고방식이 명확하게 포함되어 있는 것이 중요하다.

어떤 제약회사에서는 '사람의 건강을 위해 도움이 되는 기업'을 표방하고 있다. 사원 한사람 한사람이 업무를 자랑스럽게 생각하는 것은 일을 하는 목적이 환자를 위해, 약을 필요로 하는 고객을 위한 것을 최우선으로 하고 있기 때문으로 사회적 의의와 자부심을 가지고 활기 있게 업무를 하고 있다. 경영이념에 인간관을 명확히 제시하고 있는 기업은 전사적으로 공통된 가치관이 존재하고, 종업원이

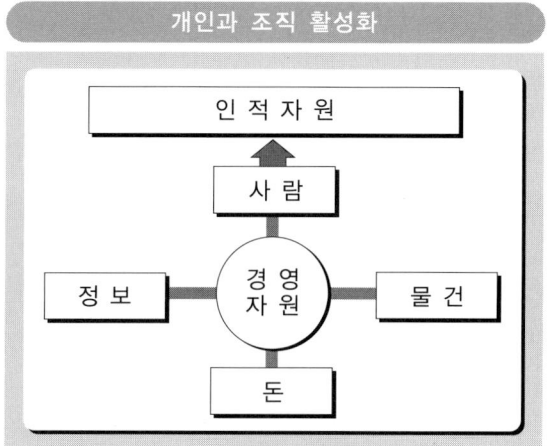

회사에 자부심을 가지고 있다.

이와 같이 인간관이 경영이념에 명확히 제시된 기업은 경영환경의 변화에 대한 감수성, 선견성, 경영방식 등에서 차이가 나타난다. 따라서 '개인'을 중시하는 개념을 도입하는 것이 HRM에 있어서도 중요한 요소가 된다.

6-9 인센티브란?

 같은 조직문화 아래서도 개개인의 업무수행이나 조직공헌도는 서로 다르고, 같은 구성원이라도 인센티브의 차이에 따라 동기부여의 정도가 달라진다. 인센티브란 사람이나 조직에 특정한 행동을 촉진하는 동기부여의 기능을 하는 것이다. 인센티브는 통상적인 급여·상여 이외에 사원의 업적에 따라 지급하는 보수, 가치관의 공유, 승진 등 단기·장기 혹은 금전적·비금전적 인센티브 등이 있다.

 금전적 인센티브제도에는 단기적인 것과 장기적인 것이 있다. 종래에는 보수나 장려금, 업적반영형 상여(보너스)제도, 결산 상여제도 등 비교적 단기간에 올린 성과에 대해서 지불하는 형태가 주류를 이루었지만 최근에는 종전부터 존재하던 퇴직금이나 기업연금과 함께 스톡옵션제도 등의 효과적인 장기 인센티브 제도가 새롭게 인식되고 있다.

 한편 인센티브 도입 시에 중요한 것은 기업이 지향하는 방향과 일치하는 가를 반드시 확인해야 하는 것이다. 예컨대 일정한 거래처를 돌며 상품을 판매하는 담당자에게 단기적인 실적을 기준으로 하는 인센티브만을 주는 것은 눈앞의 매출에만 급급하게 할 위험이 있다. 또한 한 개인에

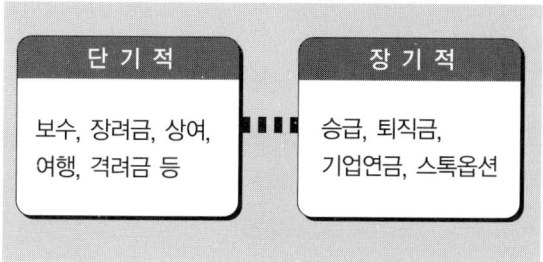

게 인센티브가 치중되면 다른 사원들과 협력해야 할 업무에서 분쟁을 유발하게 되어 조직의 분열을 초래하게 될 수도 있으므로 개인에 대한 인센티브와 조직에 대한 인센티브라는 두 가지의 균형을 신중하게 고려하는 등 기업의 사업형태, 중장기적인 이익 그리고 사원의 행동을 적절히 배합해야 한다.

6-10 인센티브의 체계

 전술한 대로 인센티브는 달성욕구를 불러 일으키는 원천이 되는 것이다. 즉 개인이 가지고 있는 욕구를 자극하여 조직의 목표나 목적을 달성하려는 행동을 유발하는 원천이라고 할 수 있다.

 인센티브는 조직이 주는 것이고 욕구란 개인이 가지고 있는 것이다. 즉 '사람이 어떠한 욕구를 가지고 조직에 무엇을 요구하고 있는가'를 인식하고 그에 대해서 '조직은 어떠한 인센티브를 개인에게 줄 수 있는가'를 생각할 필요가 있다. 조직이 줄 수 있는 인센티브는 다음과 같이 나눌 수 있다.

 ①**물질적 인센티브**:금전적 보수를 포함한 물질적 욕구에 대한 인센티브

 ②**평가적 인센티브**:업무에 대한 평가, 업무의 성과 혹은 업무와는 그다지 직접적인 관계가 없는 공헌에 대한 평가, 상사나 동료의 평가

 ③**인적 인센티브**:인격, 인간적 매력에 끌려 '저 사람을 위해서 노력한다'고 하는 리더의 견인력

 ④**이념적 인센티브**:사상, 가치관에 공감하여 사람을 움직

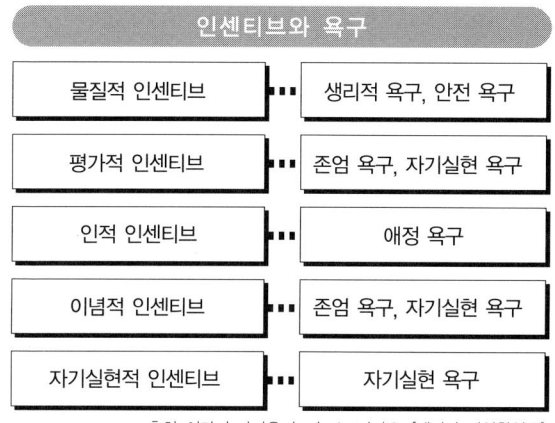

출처:이타미 다카유키, 카코노 다다오 《세미나 경영학입문》

이는 것

⑤자기실현적 인센티브: 업무 자체가 재미있고 즐거워 자기 스스로 만족을 얻을 수 있는 상황을 조직이 만드는 것

이 다섯 가지 인센티브는 ①생리적 욕구 ②자기실현, 존엄 욕구 ③애정 욕구 ④존엄 욕구, 자기실현 ⑤자기실현 욕구 등의 다섯가지 욕구와 연결된다.

6-11 업적연동형 인센티브의 예 : 스톡옵션

 전술한 대로 장기 인센티브제도에는 과거와 같은 기업연금이나 퇴직금 등이 있고, 최근에 도입되고 있는 제도로 스톡옵션제도를 들 수 있다.

 스톡옵션은 업적연동형 보수의 하나로 회사의 임원·종업원이 일정기간(권리행사기간)에 사전에 정해진 가격(권리행사가격)으로 일정한 주식을 매입할 수 있는 권리이다. '스톡(Stock)'은 주식이고, '옵션(Option)'은 사전에 결정해 둔 가격으로 사거나 팔 수 있는 권리를 말한다.

 즉 스톡옵션이 부여되면 시장가격이 아니라 미리 결정해 둔 가격(권리행사가격)으로 주식을 살 수 있는 권리를 갖게 된다.

 예를 들어 주가가 현재 5만 원인 회사에서 1주 5만 원으로 주식을 살 수 있는 권리를 부여했다고 하자. 현재 5만 원인 주식을 주가가 10만 원이 되었을 때 권리를 행사하면 시가보다 5만 원 싸게(반값에) 이 주식을 취득할 수가 있게 된다. 만일 이 주식이 그 후 25만 원이 되면 매각 시에는 1주당 20만 원의 이익을 올릴 수 있다. 이 매각익이 '자본이득'이다.

업적연동형 인센티브 사례

	주가의 추이	권리를 행사할 경우
스톡옵션 부여시	50,000원	—
(주가상승)	100,000원	50,000원 이득
(주가상승)	250,000원	200,000원 이득
(주가하락)	30,000원	20,000원 손해

    반면 주가가 3만 원으로 하락한다고 하더라도 권리를 행사할 필요가 없기(옵션은 권리이지 의무가 아님) 때문에 특별한 손해는 없다.

    한편 기업업적이 반드시 주가에 반영되는 것은 아니므로 이 스톡옵션제도만을 가지고 성과배분을 하는 것은 한계가 있기 때문에 기존의 인센티브제도를 적절히 조합할 필요가 있다.

7. 리더십과 권력

7-1 리더십이란?

 동기부여와 인센티브에서는 조직과 개인의 방향성을 일치시켜 개인이 모여 만든 집단인 조직의 힘을 최대화시키려면 어떻게 해야 할 것인가에 대해 살펴보았다. 실제로 이러한 지침을 만들어 기업을 이끌어 가는 것이 리더의 역할이고, 거기에는 리더십이라고 하는 중요한 요소가 필요하다.

 리더에게 요구되는 리더십이란 권한의 유무에 관계없이 어떤 목적을 달성하기 위해 구성원들의 행동을 최대한으로 이끌어내는 능력을 말한다. 즉 형식적인 권한뿐 아니라 정보, 지식 등 필요한 모든 자원을 수집할 수 있는 비공식적인 조직망과 강한 대인관계 구축력 등이 여기에 해당한다.

 하지만 이상적인 리더십의 형태를 한 마디로 정의하기는 어렵다. 상황에 따라 이상적인 리더십의 형태가 달라지기 때문이다. 즉 조직 내에서 리더십에 관해 고려할 때 중요한 사항은 리더가 될 인물이 갖추어야 할 보편적인 기술

GE 요구하는 리더의 조건

- 리더로서 명확한 비전을 가진다
- 정열적으로 일을 하여 결과를 낸다
- 부하직원을 리더로 육성한다
- 항상 변혁한다
- 신속하게 업무를 처리한다
- 팀워크를 중시한다
- 기업윤리를 준수한다
- 높은 품질을 추구한다

이나 자질뿐 아니라 조직이나 다른 인력구성을 검토하여 조직전체 안에서의 '리더십'을 고려해야 하는 것이다.

세계적인 우량기업인 제너럴 일렉트릭사(GE)는 리더육성 프로그램 안에 자사가 요구하는 리더의 조건을 명확하게 정의하고 있는데 그 내용은 일상 업무를 하는 데 있어 바람직하다고 판단되는 관리 형태를 바탕으로 한다.

7-2 리더십의 형태

리더십이란 그 부서나 부하의 목표를 달성시키기 위해서 영향을 행사하는 것이다. 리더의 역할로서 두 가지 중요한 사항을 들 수 있다. 하나는 부하에게 목표를 주고 업무를 나누어 주고 업무에 필요한 정보를 주는 등 업무에 있어서의 역할이다.

다른 하나는 직장에서의 인간관계 등의 정비다. 인간관계를 중심으로 한 행동을 하는 관리자는 업무를 중심으로 하는 관리자보다 부하들의 고충이 적다는 연구결과도 있다. 인간관계를 중심으로 한 행동을 하는 관리자 밑에서는 업무중심의 행동이 커져도 고충은 그만큼 늘어나지 않는다. 여기에서 말할 수 있는 것은 부하의 고충이나 불만은 관리자의 업무중심의 행동에서 생기는 것이 아니라 인간관계 중심의 행동 부족에서 생기는 것을 알 수 있다. 이 인간관계 중심의 행동이 부족하면 부하로부터 강한 불만 등이 생긴다.

리더십은 다양하게 정의할 수 있는데 잘 알려진 것이 화이트와 리피트(1960)가 제시한 '전제형', '민주형', '자유방임형'의 세 가지 형태다.

리더십의 형태

화이트와 리피트

「전제형」, 「민주형」, 「자유방임형」의 세가지로 구분

민주형이 바람직함

리커트(R. Likert)

① 「인간관계 중심(종업원 중심)형」과 「업무 중심형」

② 「관대한 감독방식」과 「엄격한 감독방식」

인간관계 중심형, 관대한 감독방식이 바람직함

여기서는 민주형이 바람직한 리더십 형태라고 할 수 있다. 리커트(R. Likert)는 앞서 말한 인간관계 중심(종업원 중심)형과 업무 중심형, 관대한 감독방식과 엄격한 감독방식으로 나누어 리더십의 형태를 구분하고 있는데, 종업원 중심형과 관대한 감독방식이 부하의 지지를 얻을 수 있는 것이라고 주장한다.

7-3 리더십 특성론 어프로치

리더십은 집단이나 조직의 목적달성을 위해 다른 사람들에게 영향력을 행사하는 것을 의미한다. 예컨대 집단이나 조직을 구성하는 리더십이 잘 발휘되지 않으면 집단 혹은 조직전체의 목적 달성이나 높은 성과의 실현이 어려워진다.

따라서 기업에 있어서는 관리직에 있는 사람은 리더십을 발휘할 것으로 기대되고 있는 것이다. 심볼릭 매니저라고 하는 상징적 관리자(영웅)가 조직을 이끌어가는 원동력이 되기도 한다.

이러한 리더십의 연구는 '특성론 어프로치', '행동론 어프로치', '상황론 어프로치'로 나눌 수 있다.

특성론 어프로치는 우수한 리더는 일반사람들과는 다른 우수한 개인적 특성을 지니고 있다는 생각과 리더십의 유효성은 리더의 개인적 특성에 의해 규정된다는 가설에 기초하고 있다.

1930년부터 1940년에 걸쳐 많은 연구가 진행되었다. 이에 따르면 우수한 리더가 가진 특성으로는 ①지성(학식, 판단력, 창조성) ②행동력(판단력, 협조성, 사교성, 적응력, 달성지향, 끈

리더십 특성론 어프로치

우수한 리더 가설

① 일반적인 사람들과는 다른 우수한 개인적 특성을 가지고 있다

② 리더십의 유효성은 리더의 개인적 특성에 의해 규정된다

리더십의 특성

① 지성 (학식, 판단력, 창조성)

② 행동력 (판단력, 협조성, 사교성, 적응력, 달성지향, 끈기, 인내력)

③ 신뢰감 (자신, 책임감, 지위)

결점: 특성론 어프로치에서는 우수한 리더에게 요구되는 개인적 특성을 규정화할 수 없다 (우수한 리더에게 요구되는 특성이나 자질은 집단, 조직의 형태와 상황에 따라서 다르기 때문)

기, 인내력) ③신뢰감(자신, 책임감, 지위)을 들 수 있다. 그러나 특성론 어프로치에서는 우수한 리더에게 요구되는 개인적 특성을 특정화할 수 없었다. 그것은 우수한 리더에게 요구되는 특성이나 자질은 집단, 조직의 형태와 상황에 따라 다르기 때문이다. 그래서 리더의 개인적 특성에서 리더의 행동양식(스타일)으로 연구의 중심이 옮겨가게 되었다.

7-4 리더십 행동론 어프로치

우수한 리더십을 발휘하는 리더와 그렇지 못한 리더 사이에는 행동 유형(패턴)의 차이가 있다는 가설에 기초하여 행동 유형을 규명하는 연구들이 있는데 대표적인 것이 관리격자(Managerial Grid)이론이다.

리더의 행동에 대해 여러 각도에서 연구한 결과, '구조화'와 '배려'라고 하는 두 가지 차원을 찾아냈다. 구조화는 구성원에게 일을 할당해 주고 명확한 업적수준을 제시하고 규칙이나 절차에 따르도록 요구하는 행동이다. 한편 '배려'는 부하에게 관심을 표명하고 의견을 듣거나 상담하는 등 부하를 지원하는 행동이다. 미시건 대학의 연구에서는 리더의 행동은 '생산지향'과 '종업원지향'의 차원으로 분류되었지만 전자는 '구조화', 후자는 '배려'에 대응된다고 할 수 있다.

이 연구의 결과를 기초로 '생산·과제에 대한 관심'과 '인간·집단에 대한 배려'의 양자를 겸비한 리더가 효과적임을 알 수 있다.

관리격자이론(Blake & Mouton)에서는 가로축에 인간에 대한 관심이, 세로축에 생산업적에 대한 관심이 각각 1부터

리더십 행동론 어프로치

가 설

우수한 리더십을 발휘하는 리더와 그렇지 않은 리더 사이에는 행동의 패턴에 차이가 있다 (참고 : 관리격자이론, PM이론)

관리격자이론(Managerial Grid)

가로축에 인간에 대한 관심이, 세로축에 생산업적에 대한 관심이 각각 1부터 9까지 아홉 단계로 표시되고, 양쪽 차원에 대한 관심이 높은 「9·9형」이 가장 효과적인 리더

「PM이론」

「과업수행(Performance)」과 「집단유지(Maintenance)」 각 차원에 높고 낮음 두 가지를 조합하여 네 가지의 유형, 즉 「pm형」, 「Pm형」, 「pM형」, 「PM형」의 조합을 만들었는데, 이 중 「PM형」의 리더 밑에 있으면 생산성과 만족도가 가장 높다

9까지 아홉 단계로 표시되어, 양쪽 차원에 대한 관심이 높은 '9·9형'이 가장 효과적인 리더가 된다. 또한 'PM이론'(미스미 쥬우지)에서는 '과업수행(Performance)'과 '집단유지(Maintenance)'의 각 차원에 높고 낮음 두 가지를 조합하여 네 가지의 유형, 즉 'pm형', 'Pm형', 'pM형', 'PM형'의 조합을 만들고, 이 중 'PM형'의 리더 밑에 있으면 생산성과 만족도가 가장 높게 된다는 것을 증명하였다.

7-5 리더십 상황론 어프로치

리더십에 대한 접근방법에는 부하의 유형에 따라 리더십 형태를 적응시켜 나가는 '상황론 어프로치'가 있다. 상황모델(Contingency Model)은 효과적인 조직관리란 상황에 따라 달라진다는 사고방식에 기초하고 있다. 이러한 상황모델 중에서 가장 잘 알려진 것이 피들러(F.E. Fiedler 1970년)의 개념이다.

리더십의 특성을 '함께 일하는 것이 가장 싫은 사람'을 의미하는 LPC(Least Preferred Coworker)의 개념을 이용하여 분류하고 있다. 리더에게 LPC에 해당하는 인물을 평가하게 하여 'LPC 점수'를 구한다. 이 점수가 높은 리더는 싫어하는 협동자에 대해서도 호의적으로 평가하고 있다는 의미에서 '인간관계지향'이 강하고, LPC 점수가 낮은 리더는 싫어하는 협동자를 부정적으로 평가하여 업무에 감정을 개입시키지 않는다는 의미에서 업무지향성(과업지향)이 강하다고 할 수 있다.

상황요인으로서는 '리더·구성원 사이의 신뢰관계', '업무의 구조화', '리더의 직위상 권력'의 세 가지 요인에 의해 규정된 '상황의 호의성'이라는 개념이 사용된다.

리더십 상황론 어프로치

가설: 조직구조나 기술환경, 그리고 시장환경 등 다양한 상황변화에따라 리더십의 유효성도 변화

피들러의 상황모델

「함께 일하기가 가장 싫은 사람」: LPC(Least Preferred Coworker)의 개념

「LPC점수」가 높은 리더
싫어하는 협동자에 대해서도 호의적으로 평가하고 있는 '인간관계지향'이 강하다

「LPC점수」가 낮은 리더
싫어하는 협동자를 부정적으로 평가하고 업무에 감정을 개입시키지 않는다는 의미에서 업무지향성(과제지향)이 강하다

 리더·구성원 사이의 관계가 양호하고, 업무가 고도로 구조화되어 있고, 리더의 직위상 권력도 강한 '상황호의성이 아주 높은' 상황과 반대로 '상황호의성이 아주 낮은' 상황에서는 '업무지향'의 리더가 높은 성과를 올리는데 반하여, '상황호의성이 중간정도'인 상황에서는 '인간관계지향'의 리더가 높은 성과를 올리는 것으로 나타나고 있다.

7-6 코칭 (Coaching)

코칭이란 조직에서 일하는 사람들이 필요로 하는 지식이나 기술의 학습능력을 높이고 육성하는 기법을 말한다. 코칭은 무엇인가를 '가르치는 것'과는 다르다. 즉 Coaching은 Teaching이 아니다.

코칭의 철칙은 '모든 답은 상대에게 있으며 코치의 역할은 그것을 끌어내어 목표달성을 위한 행동을 촉진하는 것'이다. 코칭은 지식이 아니라 어디까지나 커뮤니케이션 기술이고, 그 기술은 모두 이 철칙에 집약되어 있다. 조직의 리더는 단순한 관리자가 아니라 코칭에 의해 자율적·자주적인 인재육성을 담당하는 코치의 역할이 요구된다.

실무에서는 선발된 일부의 경영자들을 위한 '이그제큐티브 코칭(Executive Coaching)'과 관리기술의 하나로서 전사적으로 폭넓게 일상적으로 활용되는 코칭을 위한 프로그램 등 두 가지가 있다.

이그제큐티브 코칭은 '지금 도움이 되는 코칭'과 '장래를 준비하는 코칭'의 두 가지로 나뉘어진다. 일반적으로 코칭에서는 관리자가 부하의 업적을 향상시키는 효과적인 수단으로서 코칭기술을 습득할 필요가 있다.

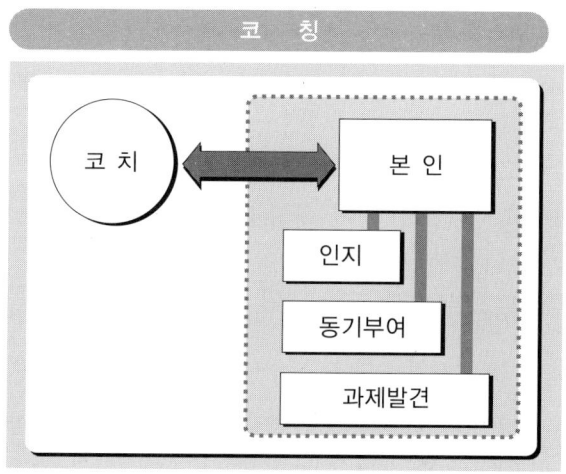

 서구에서는 제너럴 일렉트릭사를 시작으로 경영자 자신이 먼저 이그제큐티브 코칭을 받는 기업이 많아지고 있다.

7-7 권력

리더는 그 조직형태에 맞는 리더십 조건을 갖추고 앞에서서 조직을 이끌며 변혁을 추진해야 한다. 이렇게 하기 위해서는 현실적으로 리더십에 권력(Power)이라는 요소가 더해져야 한다.

권력이란 상대적 지위에서 비롯되는 권위, 지식, 보수를 줄 수 있는 능력, 상대방이 두려움을 느끼게 만들 수 있는 능력, 모든 사람을 사로잡을 수 있는 능력 등을 말하는 것으로 이것은 조직이나 집단 내부에 분포되어 있다. 하지만 리더가 모든 권력을 지배한다는 뜻은 아니다. 예컨대 그 조직에 있는 구성원이 어떤 업무에 대한 전문지식이 리더보다 높으면 부하직원들은 이 사람에게 권력이 있다고 인식한다.

한편 각 개인이 권력을 자신의 목표를 달성하기 위해 사용한다면 조직이나 집단에 바람직하지 못한 영향을 줄 수 있다. 그러나 반대로 구성원에게 골고루 권력을 분산시키면 이른바 전원 참가형 조직 운영도 가능하다. 이러한 과정은 권력을 쥐고 있는 사람이 다른 구성원에게 자신의 권력을 부여하는 '권한부여(empowerment)'라는 행위에 의해

4가지 권력

1. 상벌
연봉이나 승진에 영향을 줄 수 있는 힘을 가진 사람이 다른 사람에게 권력을 행사하는 것

2. 정당화
각자의 이해득실을 떠나 구성원이 납득함으로써 생기는 권력. '사장 명령이므로 당연하다' 등

3. 동일화
심리적으로 일심동체(=동일화)가 됨으로써 발생하는 권력. '이 사람을 위해서라면 기꺼이 야근도 하겠다' 등

4. 정보
전문적인 지식과 우수한 정보를 가지고 있는 것을 기반으로 한 권력

달성된다. 다만 전원 참가형 조직운영의 능력이 없는 구성원에게 권력을 분산시키면 팀 전체를 위험에 처하게 만들 수 있다.

이처럼 리더십이라는 것은 단순히 리더를 어떻게 육성하는가의 문제가 아니라 리더와 구성원의 역할, 그 외의 환경 등 모든 요소를 고려해야 한다는 사실을 알 수 있다.

7-8 권력 관리

리더는 목표달성을 위하여 주변의 구성원들이나 권력을 어떻게 활용해야 하며 관리해야 할까?

조직 내에서는 당연히 자신이 생각하고 있는 목표를 자기 혼자서 달성할 수는 없기 때문에 우선 조직 내의 누가 실행에 있어 핵심인물인가를 파악해야 한다.

개개인은 각각의 가치관이나 사고, 목표가 다르지만 자신의 목표를 달성하기 위해서는 자신과 생각이 다른 인물을 자신의 생각대로 움직일 필요가 있다. 그런 다음에 자신과 자신을 둘러싼 핵심인물의 의존관계, 그리고 각자가 가지고 있는 권력 상황을 파악한다.

그리고 자신의 목표를 달성하기 위한 권력은 어디에서 오는가, 어떻게 하면 자신이 가진 권력을 확대할 수 있는가를 이해한다. 예컨대 중요한 정보를 파악하고 있는 것이 권력의 증대와 연결된다면 먼저 그러한 정보를 얻는 것이 중요한 것은 당연하다.

이처럼 핵심인물이 가진 권력과 자신이 가진 권력을 비교한 후에 목표를 달성하기 위해 필요한 권력은 어떤 것인가, 그리고 그것을 증강시키기 위해서는 무엇이 필요한가

권력 관리

①달성목표를 명확화	무엇을 달성하고 싶은가
②상호의존관계를 명확화	누가 핵심인물인가
③핵심인물의 관점을 분석	핵심인물에게 있어서 자신의 목표는 어떻게 비춰지는가
④핵심인물의 권력을 분석	어떤 권력의 요소가 의사결정에 중요한가
⑤자신이 가진 권력을 분석	어떠한 권력을 개발하고 이용하는 것이 목표달성을 가능하게 하는가
⑥구체적인 전략과 전술을 검토	①~⑤에 기초하여 가장 바람직한 전략·전술을 결정하고 실행

를 생각하고 권력을 행사하는 전략, 전술을 개발하고 타이밍, 효과적인 조합 등을 심사숙고한 후에 효과적으로 활용해야 한다.

■ 참고문헌

· 버나드 웨이너(Bernard Weiner) 저, 하야시 마모루, 미야모토 미사코 역 《휴먼모티베이션-동기부여의 심리학》 가네코출판, 1989년

· 브라이언 베커(Brian E. Becker), 마크 후세리드(Mark A. Huselid), 데이브 울리치(Dave Ulrich) 공저 《HR 스코어카드》 닛케이BP사, 2002년

· 데이비드 아커(David A. Aaker) 저 《전략시장경영-전략을 어떻게 개발, 평가하고 실행할 것인가》 다이아몬드사, 1986년

· 하멜(Gary Hamel), 프라할라드(C. K. Prahalad) 공저 《코어 컴피턴스 경영-대경쟁 시대에서 승리하는 전략》 일본경제신문사, 1995년

· 베넷 스튜어드 3세(G. Bennet Stewart III) 저 《EVA(경제부가가치) 창조의 경영》 동양경제신보사, 1998년

· 게리 베커(Gary S. Becker) 저 《인적자본-교육을 중심으로 한 이론적·경험적 분석》 동양경제신보사, 1976년

· Henry Mintzberg 《The Structuring of Organization》 Prentice-Hall, 1979

· 길브레이스(J. R. Galbraith), 나단슨(D. A. Nathanson) 공저 《경영전략과 조직디자인》 하쿠토출판, 1989년

· James Walker 《Human Resource Planning》 McGraw-Hill, 1980

· Kotler, Amstrong 《Principles of Marketing, Sixth edition》 Prentice-Hall, 1994

· 트레이시(L. Tracy) 저 《조직행동론-살아있는 조직을 이해하기 위하여》 동문관출

판, 1991년

· 마이클 비어(Michael Beer), 러셀 아이젠스타트(Russell A. Eisenstat), 버트 스펙터(Bert Spector) 공저 《인재전략》 일본생산성본부, 1990년

· 폴 아르젠티(Paul A. Argenti) 저 《MBA 스피드 학습코스 비즈니스 전문가 강좌》 일본경제신문사, 1997년

· R. 리커트(R. Likert), G. 리커트(G. Likert) 공저 《갈등의 행동과학-대립관리의 새로운 어프로치》 다이아몬드사, 1988년

· Richard Brealey 《Principles of Corporate Finance, sixth edition》 McGraw-Hill, 2000

· 아트 맥닐(Art Mcneil), 짐 크레이머(Zim Kramer) 공저 《리더십이 기업을 바꾼다》 창원사, 1994년

· 앤조프(H. I. Ansoff) 저 《'전략경영'의 실천원리-21세기 기업의 경영바이블》 다이아몬드사, 1994년

· 에드워드 거브먼(Edward L. Gubman) 저 《인재전략》 동양경제신보사, 1999년

· 글로비스 그룹(Globis Corp) 저 《[신판] MBA 매니지먼트 북》 다이아몬드사, 2002년

· 글로비스 그룹 편 《MBA 경영전략》 다이아몬드사, 1999년

· 제임스 콜린스(James C. Collins), 제리 포라스(Jerry I. Porras) 공저 《Visionary Company-시대를 초월한 생존의 원칙》 닛케이BP출판센터, 1995년

· 존 코터(John P. Kotter) 저 《리더십론-지금 무엇을 해야 할까?》 다이아몬드사, 1999년

- 스티븐 로빈스(Stephen P. Robbins) 저 《조직행동의 관리-입문에서 실천까지》 다이아몬드사, 1997년
- Stephen P. Robbins 《Organizational Behavior, 9th edition》 Prentice-Hall, 2001
- 피터 센지(Peter M. Senge) 저 《최강조직의 법칙-신시대의 팀워크란 무엇인가》 도쿠마서점, 1995년
- 브루너(Brunner), 에커(Eaker), 프리먼(Freeman) 외 공저 《MBA 강좌 경영》 일본경제신문사, 1998년
- 워튼 스쿨, 런던 비즈니스 스쿨, IMD 공저 《MBA전집 1~6 제너럴 매니지먼트의 역할, 마케팅, 회계, 재무, 경영전략, 리더십과 윤리》 다이아몬드사, 1998~1999년
- 이시이(石井), 오쿠무라(奥村), 가코노(加護野), 노나카(野中) 공저 《경영전략론》 유희카쿠, 1996년
- 이시다 히데오(石田英夫), 우메자와 다카시(梅澤隆), 나가노 히토시(永野仁) 외 공저 《MBA 인재 매니지먼트》 중앙경제사, 2002년
- 이타미 다카유키(伊丹敬之), 가코노 다다오(加護野忠男) 공저 《세미나 경영학 입문》 일본경제신문사, 1993년
- 이노키 다케노리(猪木武德), 히구치 요시오(樋口美雄) 편 《시리즈 현대경제연구9 (일본의 고용시스템과 노동시장)》 일본경제신문사, 1995년
- 오오다키 세이이치(大瀧精一), 가나이 가츠요리(金井一頼), 야마다 히데오(山田英夫), 이와타 사토시(岩田智) 공저 《경영전략-창조성과 사회성의 추구》 유희카쿠, 1997년

· 카코 요시히토(加古宜士) 저 《재무회계 개요 제3판》 중앙경제사, 2000년

· 기타지마 마사노리(北島雅則) 저 《비쥬얼 인사의 기본 일경문고》 일본경제신문사, 1995년

· 구도우 히데유키(工藤秀幸) 저 《경영의 지식(신판) 일경문고》 일본경제신문사출판국, 1997년

· 구니료 지로(国領二郎) 저 《오픈 네트워크 경영-기업전략의 신조류》 일본경제신문사, 1995년

· 고바야시 기이치로(小林喜一郎) 저 《경영전략의 이론과 응용》 하쿠토출판, 1999년

· 다오 마사오(田尾雅夫) 저 《모티베이션 입문 일경문고》 일본경제신문사, 1993년

· 다카하시 슌스케(高橋俊介) 저 《인재관리론-경영의 시점에 따른 인재관리론》 동양경제신보사, 1998년

· 도이 히데오(土井秀生) 저 《상급 MBA 강좌-글로벌 전략의 모든 것》 닛케이BP사, 1998년

· 츠지야 모리아키(土屋守章) 저 《신경영학(현대경영학입문)》 신세사, 1994년

· 니시카와 기요유키(西川淸之) 저 《인적자원관리 입문》 학문사, 1997년

· 노나카 이쿠지로(野中郁次郎) 저 《경영관리 일경문고》 일본경제신문사, 1980년

· 핫토리 오사무(服部治), 다니우치 아츠히로(谷内篤博) 편 《인적자원관리요론》 황양서방, 2000년

· 하나오카 마사오(花岡正夫) 저 《인적자원관리론》 하쿠토출판, 2001년

· 마츠우라 겐지(松浦健児), 오카무라 가츠나리(岡村一成) 편 《경영조직심리학》 朝

倉서점, 1992년

· 야마다 히데오(山田英夫) 저 《De Facto Standard의 경영전략-규격경쟁에서 어떻게 이익을 올릴것인가 추코신서》 중앙공론신사, 1999년

· 야마네 다카시(山根節), 야마다 히데오, 네고로 다쓰유키(根來龍之) 공저 《일경비즈니스에서 배우는 경영전략의 사고방식》 일본경제신문사, 1993년

· 노동행정연구소 《교육훈련, 공적자격취득원조 등의 실태》 노정시보 No.3270, 1996년

· 노동성 《97년도 민간교육훈련실태조사》 노정시보 No.3426, 1999년

통근대학 MBA6 인적자원관리

지은이 | 글로벌 태스크포스(주)
옮긴이 | 김수광

펴낸이 | 우지형
기 획 | 곽동언
디자인 | 이수디자인
펴낸날 | 2006년 3월 21일(초판1쇄)
펴낸곳 | 나무한그루
등록번호 | 제 313-2004-000156호

주소 | 서울시 마포구 합정동 426-1 웰빙센터 205호
전화 | (02)333-9028
팩스 | (02)333-9038
이메일 | namuhanguru@empal.com

ISBN 89-91824-04-8 10320
ISBN 89-955450-6-2 (세트)

값 | 7,500원

*잘못 만들어진 책은 구입하신 서점에서 교환해 드립니다.